Dagmar Binder

Kunterbunt durchs ganze Jahr

Dagmar Binder

Kunterbunt durchs ganze Jahr

Eine Schatzkiste für alle Jahreszeiten

Mit Illustrationen von Frauke Bahr

PATMOS

Inhalt

Es war eine Mutter 6

Frühlingszeit

10 Kuckuck, Kuckuck, ruft's aus dem Wald
11 Frühlingsgedichte und Hasenreime
12 Heribert, der Osterhase
14 Der tollpatschige Osterhase
16 Lustige Eierbecher
17 Eier färben ganz natürlich
18 Ostereier-Spiele
20 Eierzaubereien
22 Überraschungs-Ei und Eier-Frosch
24 Ein Frosch sprach zu dem andern
26 Purzelfrosch
27 Die Frösche
28 Heiße Laubfrösche
30 Herr Mumpitz im April
31 Guten Tag, Herr Gärtnersmann
32 Gärtnern im Zaubergarten
33 Das bucklicht Männlein
34 Hier mein Geschenk
35 Kirschtörtchen für Mama
36 Bunte Schlüsselanhänger
37 Für Mama

Sommerzeit

Trarira, der Sommer, der ist da! 40
Die Kleider des Herrn Zogg 41
Strandspiele im Sand und im Wasser 42
Strandgut sammeln 44
Buddelschiffe 44
Schatzkästchen 45
Indianerschmuck aus Fundstücken 46
Der Stamm der Korkis 47
Im großen blauen Meer 48
Eine Floßfahrt 50
Obstsalat im Melonenboot 51
Schiff ahoi! 51
Ja, wir sind die Piraten 52
Piraten-Spiele 54
Experimente mit Wasser 56
Das Ungeheuer im Burggraben 58
Drachenwesen spucken Feuer 62
Der Drache Fu 64
Armer Ritter 66
Die Ritter von Burg Büchsenberg 67
Arme Ritter 68
Vom Ritter, der nicht aus seiner Rüstung herauswollte 69
Wenn der Bär verreisen will 74
Spiele für unterwegs 76

Herbstzeit

80 Herbstzeit – Erntezeit
82 Bei Räubers
83 Lied der Raubritter
84 Räuber-Spiele
86 Waldgeister
86 Der Wetter-Drache
87 Steig in mein Luftschiff
88 Der Fallschirmspringer
89 Die Geschichte vom fliegenden Robert
90 Drachenvogel, flieg!
91 Ich geh mit meiner Laterne
92 Sonnenlaterne
94 Lichter in der Nacht
95 Das Gespenst kam um Mitternacht
96 Schattenspiel-Lied
98 Spiele im Dunkeln
99 Spuk im Dunkeln
100 Hüpfmäuse
101 König Nussknacker
102 Lasst uns froh und munter sein
104 Adventskalender Weihnachtsschloss
105 Advent
106 Der Nikolaussack
107 Die Geschichte von den streitenden Adventskerzen
108 Zimtsterne
109 Duftschachteln und Duftketten
110 O Tannenbaum

Winterzeit

A, a, a, der Winter, der ist da 114
Ich bin ein kleiner König 116
Die heil'gen drei Könige 116
Eiskalte Experimente 117
Das Gewicht der Schneeflocke 118
Schneeflöckchen, Weißröckchen 119
Schneemänner 120
Spiele im Schnee 121
Pingu, der Kuschel-Pinguin 122
Ping Pong Pinguin 123
Tierische Faschingsmasken 124
Tierreime 125
Das Mädchen vom anderen Stern 126
Weltraum-Party 128
Eine Geburtstagstorte für den kleinen Bären 130
Geburtstagstorte für kleine Bären und andere Freunde 133
Monstertüten 134
Rosen, Tulpen, Kieselstein 135
Freundschaftsspiele 136

Wir werden immer größer 138
Register 140

Es war eine Mutter, die hatte vier Kinder

Text und Melodie:
Volkslied aus Baden und der Pfalz

2. Und wie sie sich schwingen im Jahresreihn,
so tanzen und singen wir fröhlich darein.

Frühlingszeit

Kuckuck, Kuckuck, ruft's aus dem Wald

Text: Heinrich Hoffmann von Fallersleben
Musik: aus Österreich

2. Kuckuck, Kuckuck
lässt nicht sein Schrei'n:
Komm in die Felder,
Wiesen und Wälder;
Frühling, Frühling,
stelle dich ein!

3. Kuckuck, Kuckuck,
trefflicher Held!
Was du gesungen,
ist dir gelungen:
Winter, Winter
räumet das Feld.

Frühlingsgedichte und Hasenreime

Frühling lässt sein blaues Band
Wieder flattern durch die Lüfte;
Süße, wohl bekannte Düfte
Streifen ahnungsvoll das Land.
Veilchen träumen schon,
Wollen balde kommen.
– Horch, von fern ein leiser Harfenton!
Frühling, ja du bist's!
Dich hab ich vernommen!

Eduard Mörike

Leise zieht durch mein Gemüt
Liebliches Geläute.
Klinge, kleines Frühlingslied,
Kling hinaus ins Weite.

Kling hinaus, bis an das Haus,
Wo die Blumen sprießen,
Wenn du eine Rose schaust,
Sag, ich lass sie grüßen.

Heinrich Heine

Oberpoppel – Hoppelhas
hoppelt in dem Stoppelgras.
Hoppelt in das Hasenhaus
und du bist raus.

Ich schenke dir
ein Oster-Ei.
Zerbrichst du es,
dann hast du zwei.

Heribert, der Osterhase

Heribert, der Hase,
hat 'ne schwarze Nase.
Und in seinem Bauch ist Platz
für 'nen schönen Osterschatz.

Der Ballon soll diese Form haben:

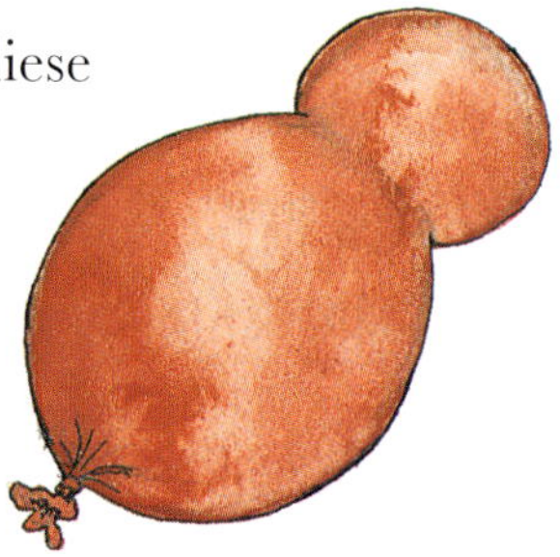

Du brauchst:

- 1 Luftballon
- Zeitungspapier
- Tapetenkleister
- dünne Pappe
- Farben + Pinsel

So geht's:

Blase den Luftballon auf. Rühre den Kleister mit kaltem Wasser an, wie auf der Packung beschrieben. Schneide das Zeitungspapier in Streifen. Bestreiche die Streifen mit Kleister. Klebe sie kreuz und quer auf den Ballon, mindestens vier Schichten übereinander. Lass alles zwei Tage trocknen.

Schneide aus Pappe zwei Hasenohren aus. Klebe sie mit Kleisterstreifen an den Hasenkopf. Bestreiche eine Seite Zeitungspapier mit Kleister. Knülle sie zu einer Wurst. Klebe sie als Arme an den Körper.

Damit der Hase besser steht: Schneide aus Pappe einen Streifen. Klebe den Streifen zu einem Ring zusammen. Bestreiche den Ring innen mit Kleister. Stelle den Hasen hinein und klebe ihn fest.

Lass alles gut durchtrocknen. Dann kannst du den Hasen bemalen.

Stich in den Luftballon, damit er platzt und ziehe die Fetzen heraus. Vergrößere die Öffnung, durch die du den Luftballon herausgeholt hast und fülle deine Oster-Überraschung in den Hasenbauch.

Der tollpatschige Osterhase

Es war einmal ein kleiner tollpatschiger Osterhase. Dem fiel beim Ostereiermalen immerzu der Pinsel hin oder er tupfte mit der Nase oder mit den Ohren in die Farbe. So hatte er schließlich eine rote Nase, ein gelbes und ein grünes Ohr, ein blaues und ein weißes Bein und ein violettes Puschelschwänzchen.
Alle anderen Osterhasen lachten, wenn sie ihn sahen: »Hahaha, du hast ja eine ganz rote Nase«, und: »Hahaha, du hast ja ein gelbes Ohr«, und so weiter.
Zum Schluss fiel ihm der ganze Farbtopf um und auf dem Boden gab es eine große Pfütze.
»Ach du liebe Zeit!«, rief der kleine Osterhase. Und dabei stieß er aus Versehen an den Tisch und alle Eier, die er schon angemalt hatte, und auch die, die er noch nicht angemalt hatte, fielen hinunter in die bunte Pfütze. Es war noch ein Glück, dass sie nicht kaputtgingen, denn der Waldboden war weich vom Moos und von den Gräsern.
Wieder lachten die anderen Hasen über den armen kleinen Tollpatsch und der weinte eine Zeit lang. Aber als er anfing die Eier wieder in den Korb einzusammeln, da sah er, dass sie in der bunten Farbpfütze ganz wunderbar geworden waren. Auf manche Eier hatten sich kleine

Gräser und Blumen gelegt und an diesen Stellen waren sie weiß geblieben, während sie sonst ganz bunt wie ein Regenbogen aussahen. Als die anderen Hasen sahen, wie schön die Eier des kleinen Tollpatsches geworden waren, da hörten sie schnell auf zu lachen und wurden ganz still. Auch die Kinder haben nachher zu Ostern am liebsten die schönen bunten Eier des tollpatschigen Osterhasen gegessen. Als die Kinder seine Eier im Wald suchten und sich über die besonders schönen Regenbogenfarben und die Gräser und Blumen darauf freuten, da hat der kleine tollpatschige Osterhase hinter einem Busch gesessen und zugeschaut und hat ganz leise gelacht.

Heinrich Hannover

Lustige Eierbecher

Du brauchst:

- Eierkarton
- Schere
- Wasserfarben + Pinsel
- rotes Papier
- Kleber
- Federn

So geht's:

Schneide die Hühner-Eierbecher mit der Schere aus dem Eierkarton aus. Male sie gelb oder braun an. Schneide aus rotem Papier Schnabel und Kamm aus. Klebe beides an. Male Augen auf. Klebe Federn an, wenn du magst.

Eier färben ganz natürlich

Ostereier können wie Vogeleier aussehen. Lass dich von der Natur anregen. Dann entstehen ganz besondere Ostereier-Vogeleier. Dazu brauchst du keine Eierfarben zu kaufen. Als Färbebad genügen Zwiebelschalen.

Du brauchst:

- Zwiebelschalen
- weiße rohe Eier

■ So geht's:

Koche die Zwiebelschalen etwa 15 Minuten in Wasser. Gieße den Zwiebelsud ab. Koche darin deine Ostereier. Je länger du sie kochst, desto dunkler wird die Farbe: ein zartes Rosa-Braun, ein warmes Rost-Braun oder ein dunkles Kupfer-Braun. Die so gefärbten Eier kannst du noch mit Wachsmalstiften verzieren.

Tupfen-Eier

Betropfe die Eier vor dem Kochen mit Wachs. Kratze das Wachs nach dem Kochen wieder ab, dann bleibt ein weißes Muster.

Sprenkel-Eier

Dazu brauchst du Wasserfarben, eine alte Zahnbürste und ein Sieb. Tauche die Zahnbürste in Wasser und Farbe. Streiche damit über das Siebgitter.

Marmor-Eier

Gib Zwiebelschalen auf ein Stück Papier. Lege ein rohes Ei darauf. Umwickle das Ei so mit Papier, dass es rundherum von Zwiebelschalen eingehüllt ist. Verschnüre das Päckchen mit einem Faden. Koche es 10 Minuten im Zwiebelsud. Öffne das Päckchen erst, wenn es abgekühlt ist.

Ostereier-Spiele

Das schiefe Ei von Pisa

Stellt ein Ei auf einen kleinen Berg aus Mehl (oder Sand). Reihum nimmt jedes Kind mit einem Teelöffel etwas Mehl weg. Bei wem das Ei umkippt, der scheidet aus.

Hoppelhasen

Die Hasenkinder hocken auf allen vieren am Start. Beim Startzeichen hoppeln sie los. Wer ist der schnellste Hoppelhase?

Hasenfußball

Zwei Kinder sitzen sich an einem Tisch gegenüber. Vor sich haben sie ein kleines Tor aufgemalt. In der Mitte des Tisches liegt ein ausgeblasenes Ei (oder ein Pingpongball). Wer pustet die meisten Tore?

Eiderdaus

Malt einem hart gekochten Ei eine farbige Spitze. Setzt euch im Kreis um das Ei. Einer dreht das Ei. Auf den die Spitze zeigt, der nennt ein Wort, in dem »Ei« vorkommt. Wem kein Wort mehr einfällt, der scheidet aus.

Eier-Staffellauf

Verteilt Löffel an alle Mitspieler. Bildet Zweier-Gruppen. Jede Gruppe bekommt ein hart gekochtes Ei. Markiert eine Startlinie und – in einiger Entfernung – einen Wendepunkt. Die Kinder mit dem Ei stellen sich an den Start, ihre Partner an den Wendepunkt. Nach dem Startzeichen laufen die Kinder mit dem Ei auf dem Löffel los. Am Wendepunkt übergeben sie ihrem Partner das Ei, von Löffel zu Löffel. Der Partner bringt das Ei zum Start zurück. Welche Staffel hat die besten Eierläufer?

Eierboccia

Ein kleines Schokoladenei liegt auf einem Tisch oder auf dem Boden. Jeder darf ein Ei darauf zurollen. Welches Ei kommt dem Schokoei am nächsten?

Eierzaubereien

Ein Ei steht Kopf

Du brauchst:

- 1 rohes Ei
- 1 Korken
- 2 gleiche Gabeln
- 1 großes Glas mit Stöpsel oder glattem Deckel

■ So geht's:
Höhle den Korken an einem Ende etwas aus, sodass die stumpfe Seite des Eies genau hineinpasst. Stich die beiden Gabeln in gleicher Höhe in den Korken. Die ausgehöhlte Seite des Korkens muss dabei nach unten zeigen. Setze den Korken mit den beiden Gabeln auf das Ei.

Stelle das Ei mit Korken und Gabeln auf die Flasche. Halte beides weiter fest! Verschiebe den Korken auf dem Ei oder verändere die Stellung des Eies. Dazu brauchst du Geduld und Fingerspitzengefühl. Probiere immer weiter, ob das Ei stehen bleibt.Wenn du spürst, dass das Ei steht: Lass es langsam los!

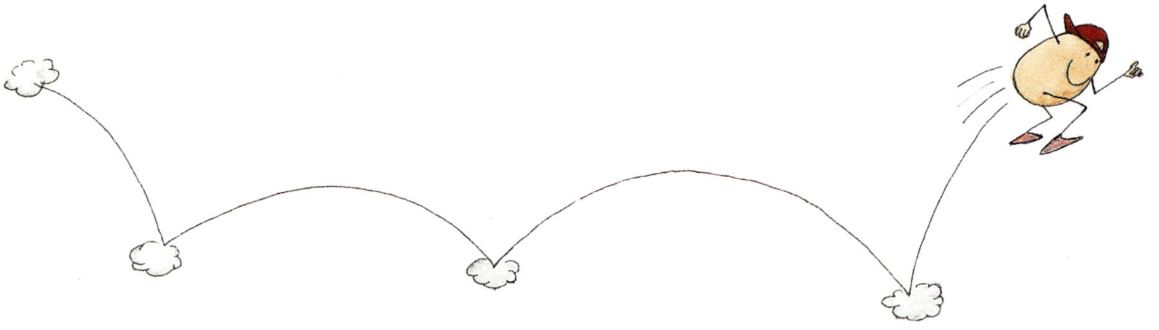

Das Gummi-Ei

Du brauchst:

- 1 rohes Ei
- 1 Glas
- Essig

■ So geht's:
Lege das Ei in ein Glas. Gieße so viel Essig darauf, bis das Ei ganz bedeckt ist. Warte einen Tag.

Nimm das Ei vorsichtig aus dem Glas. Spüle es unter fließendem Wasser ab. Betrachte es. Was ist passiert?
Der Essig hat die Kalkschale des Eies aufgelöst. Das Ei ist jetzt so weich wie ein Gummiei.

Willi-Wackel-Eierkopf

Blase ein Ei aus. Vergrößere die obere Öffnung und tropfe Kerzenwachs hinein. Halte das Ei aufrecht, bis das Wachs fest geworden ist.
Jetzt kann das Ei stehen. Wenn du es anstößt, wackelt es hin und her. Male dem Ei noch ein Gesicht und klebe Haare aus Wolle an.

Überraschungs-Ei und Eier-Frosch

Du brauchst:

- 1 runden Luftballon
- Zeitungspapier
- 1 Eierkarton (für 10 Eier)
- Tapetetenkleister
- Farbe + Pinsel

So geht's:

Blase den Luftballon auf. Verrühre einen Esslöffel Kleister mit zwei Tassen kaltem Wasser. Schneide das Zeitungspapier in Streifen. Bestreiche die Streifen mit Kleister. Klebe sie kreuz und quer auf den Ballon, mindestens vier Schichten übereinander. Lass alles zwei Tage trocknen.

Verrühre einen Teelöffel Kleister mit vier Tassen Wasser.

Schneide für den Frosch von dem Eierkarton zwei Augen ab.

Reiße den restlichen Eierkarton in Schnipsel. Vermische sie mit dem Kleister-Wasser. Lass die Schnipsel zwei Stunden quellen. Gieße dann das übrige Wasser ab.

Klebe die Eierkarton-Augen auf den Frosch-Ballon.

Drücke die Kleister-Schnipsel an den Ballon. Lass alles noch einmal drei bis vier Tage trocknen.

Bitte einen Erwachsenen, dir das Ei zu halbieren. Am besten geht das mit einem Brotmesser. Nun kannst du Ei oder Frosch bemalen und verzieren.

Ein Frosch sprach zu dem andern

Text und Melodie:
Dorothée Kreusch-Jacob

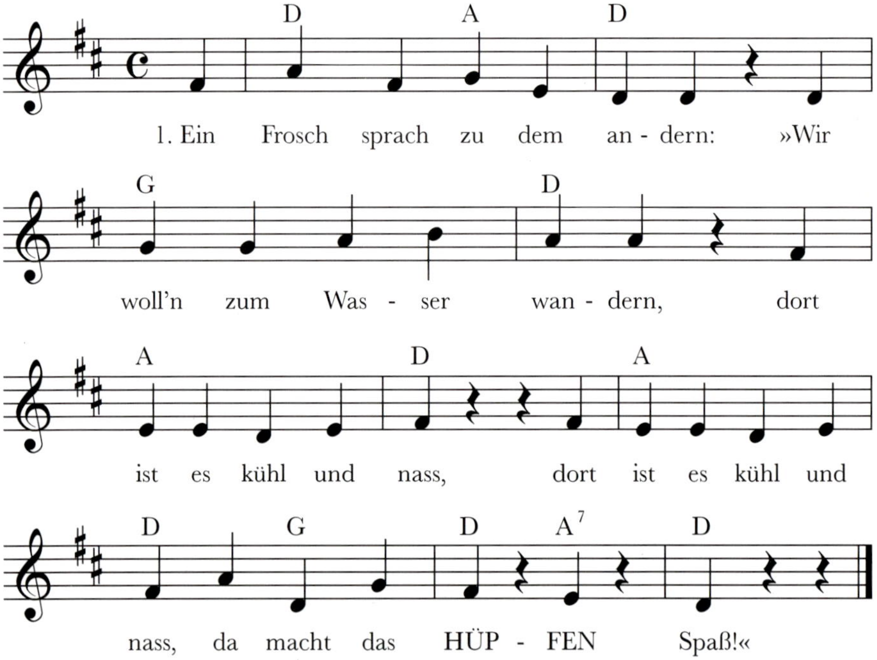

2. Ein Storch sprach zu dem andern:
»Wir woll'n zum Wasser wandern,
dort ist es kühl und nass,
da macht das STELZEN Spaß!«

3. 'ne Ente sprach zur andern:
»Wir woll'n zum Wasser wandern,
dort ist es kühl und nass,
da macht das WATSCHELN Spaß!«

4. Ein Sumpfhuhn sprach zum andern:
»Wir woll'n zum Wasser wandern,
dort ist es kühl und nass,
da macht das TAUCHEN Spaß!«

5. Ein Schwan sprach zu dem andern:
»Wir woll'n zum Wasser wandern,
dort ist es kühl und nass,
da macht das SCHWIMMEN Spaß!«

6. Ein ... sprach zum andern:
»Wir woll'n zum Wasser wandern,
dort ist es kühl und nass,
da macht das ... Spaß!«

Purzelfrosch

Du brauchst:
- 1 leere Rolle Klopapier
- 1 große Murmel
- grünen Filz
- 2 kleine Pappkugeln
- Klebstoff
- Farben + Pinsel

So geht's:

1. Drücke die Papierrolle ein wenig zusammen. Schneide sie an den gestrichelten Linien ein. Drücke die Teile nach innen.

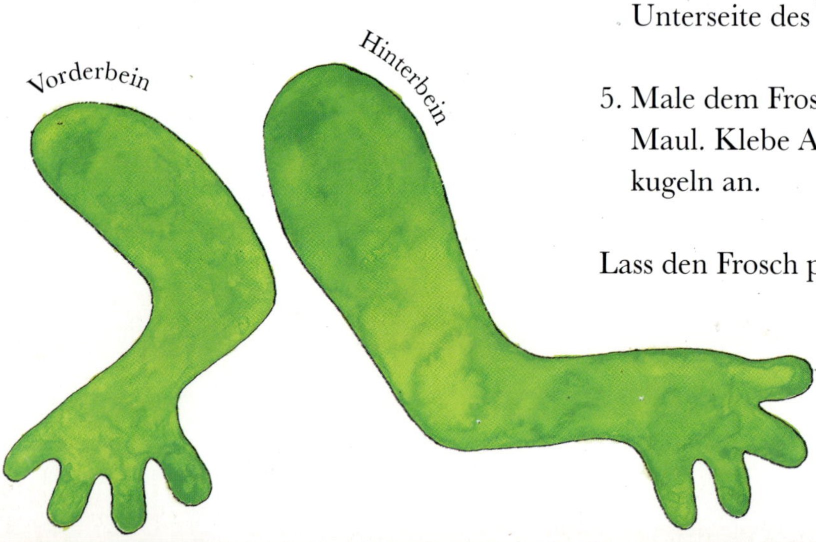

2. Schneide von den überstehenden Teilen die Ecken ab. Drücke auch diese Teile nach innen und klebe sie übereinander.

3. Lege die Murmel in die Rolle. Schließe die Rolle genau so wie auf der anderen Seite. Male alles grün an.

4. Schneide Arme und Beine aus Filz aus. Klebe sie an die Unterseite des Frosches.

5. Male dem Frosch eine breites Maul. Klebe Augen aus Pappkugeln an.

Lass den Frosch purzeln.

Die Frösche

Ein großer Teich war zugefroren,
Die Fröschlein, in der Tiefe verloren,
Durften nicht ferner quaken noch springen,
Versprachen sich aber, im halben Traum,
Fänden sie nur da oben Raum,
Wie Nachtigallen wollten sie singen.
Der Tauwind kam, das Eis zerschmolz,
Nun ruderten sie und landeten stolz,
Und saßen am Ufer weit und breit
Und quakten wie vor alter Zeit.

Johann Wolfgang von Goethe

Heiße Laubfrösche

Du brauchst:

- 150–200 Gramm tiefgekühlten Blätterteig
- 2 Äpfel
- 8 Rosinen
- Aprikosenmarmelade
- Eidotter mit Milch verrührt
- Backpapier

■ So geht's:
Schneide die Frosch-Schablone aus Pappe aus. Lege die beiden Blätterteigscheiben auf Backpapier und lass sie auftauen. Halbiere sie. Rolle die Quadrate mit einer Teigrolle so groß aus, dass die Schablone auf jedes Quadrat passt. Lege die Schablone auf und schneide mit

dem Messer Frösche aus dem Teig aus. Bepinsele sie mit dem Ei-Milch-Mix.

Halbiere die Äpfel und entferne das Kerngehäuse. Gib in jede Apfelhälfte einen halben Teelöffel Marmelade. Setze eine Apfelhälfte und zwei Rosinen auf jeden Frosch. Bepinsel die Apfelhälften mit der Marmelade. Backe die Frösche im vorgeheizten Backofen bei 180 Grad/Umluft 160 Grad etwa 20 Minuten, bis der Teig aufgegangen und goldbraun ist.

Serviere die Frösche in einem Teich aus Vanillesoße, den du mit ein paar Tropfen Speisefarbe grün einfärben kannst.

Herr Mumpitz im April

Eine heftige Straße fegte durch den Wind.
Das Postamt kam aus Herrn Mumpitz und musste
mit seinem Hut die Hand festhalten. Von Zeit zu
Zeit blies ihm ein Gesichtsstoß Wind in den Staub.
»Herr Mumpitz macht, was er will!«, sagte
der April.
Da fing es auch schon an vom Tropfen zu himmeln.
Ach, der Regenschirm hatte Herrn Mumpitz zu Hause stehen lassen!
Bald prasselte ein Straßenschauer auf den Regen und Herr Mumpitz
wurde pudelnass wie ein Patsch.
Beinahe wäre ihm noch ein Kopf auf seinen Blumentopf gefallen.
Daheim zogen die Kleider rasch Herrn Mumpitz aus.
Frau Mumpitz kochte auf dem Wasser einen Elektroherd für den
Tee und holte für ihre Kleider einen trockenen Mann.
»Hoffentlich kommt Herr Mumpitz bald«, rief der Mai, »dann ist
Wetter mit dem scheußlichen Schluss!«

Werner Halle

Guten Tag, Herr Gärtnersmann

Text: alter Kindervers
Musik: Dorothée Kreusch-Jacob

2. »Ja, Madam, das haben wir
hier in unserm Garten,
will Madam so freundlich sein
und ein wenig warten?«

3. »Philipp, hol den Sessel her
mit den goldnen Spitzen,
will Madam so freundlich sein
und ein wenig sitzen?«

Gärtnern im Zaubergarten

Was wird in deinem Zaubergarten wachsen? Das bestimmst du selbst, zum Beispiel leckere Kräuter, die kannst du ernten und sogar aufessen.
Natürlich kannst du deinen Zaubergarten auch mit kleinen Zauberwesen bevölkern. Schau doch mal in deinen Spielzeugkisten oder im Garten nach, was du so findest.

Du brauchst:
- leere Obst- und Gemüseschalen
- Erde
- Pflanzensamen: z. B. Weizen, Kresse, Dill, Petersilie, Rosmarin, Thymian …

■ So geht's:
Stelle die Schalen neben- und teilweise übereinander an einen sonnigen Ort. Fülle Erde in die Schalen. Streue die Samen darauf. Bedecke sie mit einer dünnen Schicht Erde. Begieße alles mit etwas Wasser.

Nach ein paar Tagen sprießen die ersten Kräuter aus der Erde.

Jetzt können auch Püppchen, Spielzeugtiere, Muscheln und Schneckenhäuser in deinen Zaubergarten einziehen.

Bald kannst du ernten. Schneide die Kräuter mit einer Schere ab.

Das bucklicht Männlein

Will ich in mein Gärtlein gehn,
will mein Zwiebeln gießen,
steht ein bucklicht Männlein da,
fängt gleich an zu nießen.

Will ich in mein Küchel gehn,
will mein Süpplein kochen,
steht ein bucklicht Männlein da,
hat mein Töpflein 'brochen.

Will ich in mein Stüblein gehn,
will mein Müslein essen,
steht ein bucklicht Männlein da,
hat's schon halber 'gessen.

Will ich auf mein Boden gehn,
will mein Hölzlein holen,
steht ein bucklicht Männlein da,
hat's mir halber g'stohlen.

Will ich in mein Keller gehn,
will mein Weinlein zapfen,
steht ein bucklicht Männlein da,
tut mir'n Krug wegschnappen.

Setz ich mich ans Rädlein hin,
will mein Fädlein drehen,
steht ein bucklicht Männlein da,
lässt mir's Rad nicht gehen.

Geh ich in mein Kämmerlein,
will mein Bettlein machen,
steht ein bucklicht Männlein da,
fängt als an zu lachen.

Wenn ich an mein Bänklein knie,
will ein bisslein beten,
steht ein bucklicht Männlein da,
fängt als an zu reden:

Liebes Kindlein, ach ich bitt,
bet fürs bucklicht Männlein mit.

Text: seit Ende des 18. Jh. bekannt

Hier mein Geschenk

Text und Melodie:
Dorothée Kreusch-Jacob

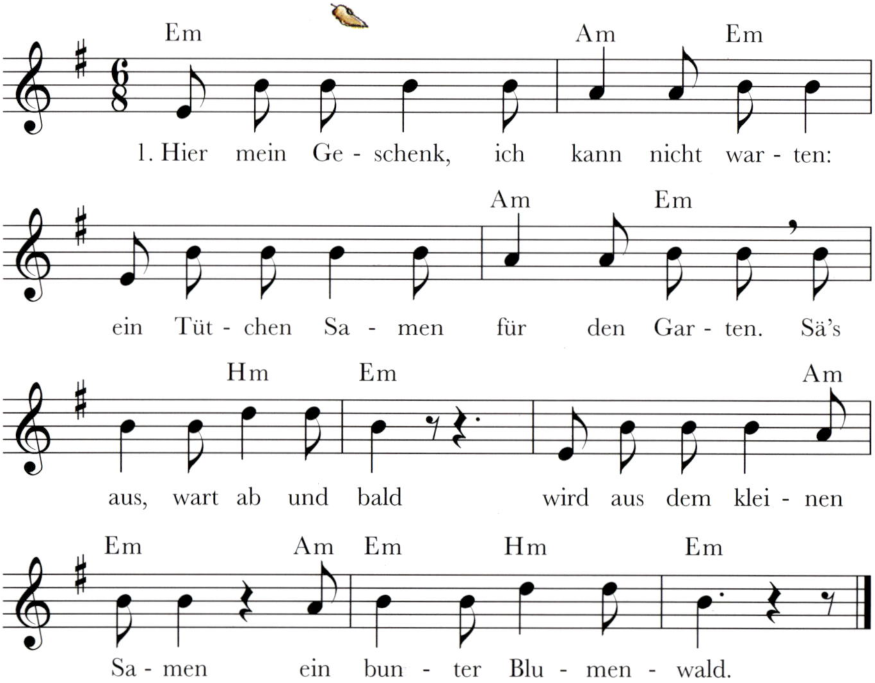

gesprochen: Liebe(r)* ..., nimm als Gabe
diese bunten Blumen an.
Sie sind alles, was ich habe,
alles, was ich geben kann.

* Hier wird der Name des Geburtstagskindes eingesetzt.

Kirschtörtchen für Mama

Du brauchst:
(für 8 Törtchen)

- Kirschen
- 1 großes Ei
- 4 Esslöffel Honig
- 1/4 eines Butterstücks (etwa 60 Gramm)
- 1/2 Teelöffel Zimt
- 1 Tasse Vollkornmehl (etwa 75 Gramm)
- 16 Papierförmchen

■ So geht's:
Wasche und entsteine die Kirschen.

Lass die Butter schmelzen. Verrühre Ei und Honig, bis die Mischung schaumig ist. Gieße die Butter zum Eierhonig und verrühre alles. Füge Zimt und Mehl dazu und mische es unter.

Stecke immer zwei Förmchen ineinander. Gib je einen Esslöffel Teig hinein und lege 4 bis 5 Kirschen darauf. Drücke die Kirschen in den Teig.

Setze die Törtchen auf ein Backblech oder in eine Muffin-Form. Backe sie im vorgeheizten Backofen etwa 20 Minuten bei 180 Grad/Umluft 160 Grad.

Bunte Schlüsselanhänger

Nicht vergessen:
Am 2. Sonntag im Mai
ist Muttertag!

Die bunten Schlüsselanhänger kannst du an Mütter und andere liebe Menschen verschenken.

Du brauchst:

- 1 Tasse Salz
- 1 Tasse Mehl
- 1/2 Tasse Wasser
- Nudelholz
- Backförmchen
- Holzspieß

■ So geht's:

Verknete die Zutaten zu einem festen Teig. Rolle den Teig mit einem Nudelholz flach. Stich mit Backförmchen Figuren aus dem Teig. Stich mit dem Holzspieß ein Loch in jede Figur.

Lass die Figuren 2 bis 3 Tage trocknen.

Bemale die Figuren mit Bastelfarben.

Lass die Farbe gut trocknen.

Ziehe Schlüsselringe, Kettchen oder Bänder für Schlüssel durch die Löcher.

Für Mama

Du, ich hab dich lieb.
Kommt einmal ein Dieb
und der will dich klauen,
werd ich ihn verhauen!

Keine gibt es auf der Welt,
die mir so wie du gefällt.
Mama, du bist mir ungeheuer
lieb und teuer.

Angela Sommer-Bodenburg

Sommerzeit

Trarira, der Sommer, der ist da!

Text: Volkslied aus der Rheinpfalz
Melodie: Ludwig Erk (1807–1883)

2. Trarira, der Sommer, der ist da!
   Wir wollen hinter die Hecken
   und wolln den Sommer wecken.
   Ja, ja, ja, der Sommer, der ist da!

3. Trarira, der Sommer, der ist da!
   Der Sommer hat gewonnen,
   der Winter hat verloren.
   Ja, ja, ja, der Sommer, der ist da!

Die Kleider des Herrn Zogg

Eines Morgens, als der Wecker läutete, stand Herr Zogg einfach nicht auf. Dabei hatte er ihn selbst gerichtet, auf 7 Uhr, wie immer, denn um 8 Uhr musste er im Büro sein. Es wurde Viertel nach 7, Herr Zogg schlief weiter, es wurde halb 8, Herr Zogg schlief immer noch, es wurde Viertel vor 8, Herr Zogg schnarchte sogar.

»Kameraden«, sagte da die Hose zu den anderen Kleidern, die über dem Stuhl hingen, »wir müssen wohl.«

Da kroch die Unterhose in die Hose, Leibchen und Hemd stopften ihre Enden in die beiden hinein, die Krawatte schlang sich um den Hemdkragen, die Jacke schob sich über das Hemd, die Socken stellten sich in die Schuhe und dann gingen sie alle die Treppe hinunter vors Haus, fuhren im Bus zum Büro, in dem Herr Zogg arbeitete, und nahmen dort den Platz hinter seinem Pult ein. Immer, wenn jemand hineinschaute, wühlten sie in irgendeinem Stoß Papier, und als Herr Zogg gegen Mittag im Geschäft vorsprach und nur ein Badetuch um die Hüften gewickelt hatte, wollte man ihn nicht kennen und schickte ihn sofort wieder weg.

An diesem Tag war Zahltag, und sobald die Kleider das gelbe Kuvert mit dem Geld bekommen hatten, beschlossen sie richtig Ferien zu machen und verreisten noch am selben Tag nach Italien.

Herr Zogg aber musste sich eine andere Arbeit suchen. So wie er angezogen war, fand er nur eine Stelle als Bademeister und riss fortan Billette ab, leerte Abfallkübel, rettete Ertrinkende und fühlte sich soweit ganz gut, nur in der Garderobe arbeitete er nicht so gern, denn beim Anblick der vielen aufgehängten Kleider war es ihm immer ein bisschen unheimlich.

Franz Hohler

Strandspiele im Sand und im Wasser

Schatzsuche

Ein Kind versteckt eine Muschel in einem Sandhügel. Die anderen suchen um die Wette. Wer die Muschel findet, darf selbst die nächste verstecken.

Steinkicker

Malt einen tellergroßen Kreis in den Sand und legt Steine hinein. Sucht einen Spielstein aus. Lasst ihn reihum von oben in den Kreis fallen. Wer kickt so die meisten Steine aus dem Kreis?

Fische füttern

Malt für jeden Mitspieler einen Fisch in den Sand. Stellt euch fünf Schritte entfernt auf. Werft mit Muscheln oder Steinchen auf die Fische. In welchem Fisch landet das meiste Futter?

Der Delfin

Ein Kind steht gebückt im flachen Wasser. Der Delfin springt darüber. Dann bildet er das nächste Hindernis.

Die Wassernixe

Die kleine Wassernixe ist im Fischernetz gefangen. Kinder bilden das Netz, in dem sie sich an den Händen fassen und so einen Kreis bilden. Kann die Wassernixe sich aus dem Netz befreien und heraustauchen?

Die Seeschlange

Alle Kinder bilden im flachen Wasser eine Schlange. Dazu fassen sie sich an den Schultern. Das erste Kind ist der Kopf der Schlange, das letzte ist das Schwanzende. Die Seeschlange schlängelt sich blitzschnell durchs Wasser. Schafft es der Schlangenkopf dabei das Schwanzende zu schnappen?

Strandgut sammeln

Das Meer ist voller kleiner Schätze. Und manche werden auch an Land geschwemmt. Geh doch mal auf Schatzsuche an den Strand. Da gibt es viel zu entdecken und zu sammeln.

Ein Auge aus Knete, eine Zunge aus Papier. Schon wird der Stock zum wilden Tier.

Buddelschiffe

Halt, diese Schiffe werden nicht auf die Reise geschickt. Sie sind Schatzkisten für deine Fundstücke aus dem Urlaub.
Darin ist Platz für Sand, kleine Schiffe, Muscheln, Steine, Schneckenhäuser, Blätter, Stöckchen und vieles mehr.

Du brauchst:

- leere Schraubgläser
- Wasserfarben + Pinsel

■ So geht's:
Reinige das Glas und lass es gut trocknen. Bemale die eine Hälfte des Glases innen mit blauer Wasserfarbe. Das wird der Himmel. Fülle Sand und Fundstücke in das Glas. Drehe den Schraubdeckel gut zu und verschließe ihn zusätzlich noch mit einem Klebeband.

Schatzkästchen

Muscheln, Steine und andere kleine Erinnerungen an die Ferien kannst du in diesen Schatzkästchen gut aufbewahren.

Du brauchst:

- Streichholzschachteln
- Postkarten und Fotos
- kleine Fundstücke
- Farben + Pinsel

■ So geht's:
Bemale Streichholzschachteln oder beklebe sie mit Ausschnitten aus Urlaubsfotos oder Postkarten. Lege deine Fundstücke hinein oder klebe sie fest.

Du kannst die Schatzkästchen an die Wand hängen oder sie verschenken.

Indianerschmuck aus Fundstücken

Sachensammler werden auch auf einem Streifzug durch Wald und Wiesen fündig. Hier kannst du leere Schneckenhäuser, Vogelfedern, Samenkapseln, Rindenstückchen und vieles mehr finden. Mit etwas Schnur und Farbe wird daraus prächtiger Indianerschmuck.

Knote deine Fundstücke an eine Schnur. Kürze sie auf die richtige Kettenlänge. Eine Samenkapsel und eine Schlaufe sind der Verschluss. Ein bisschen Farbe macht deine Fundstücke noch interessanter. Du kannst die Ketten als Halsschmuck tragen oder an die Wand hängen.

Der Stamm der Korkis

Du brauchst:
- Korken
- Federn
- Farben + Pinsel

Die kleinen Indianer kannst du dir leicht basteln. Gemeinsam mit anderen macht das viel Spaß. Dann habt ihr schnell einen ganzen Indianerstamm zusammen.

Wenn ihr eure Indianer mit wasserfester Farbe bemalt, könnt ihr sie auch auf eine Floßfahrt über den »Großen Teich« schicken.

Im großen, blauen Meer

Text: Bernd Kohlhepp
Melodie: Jürgen Treyz

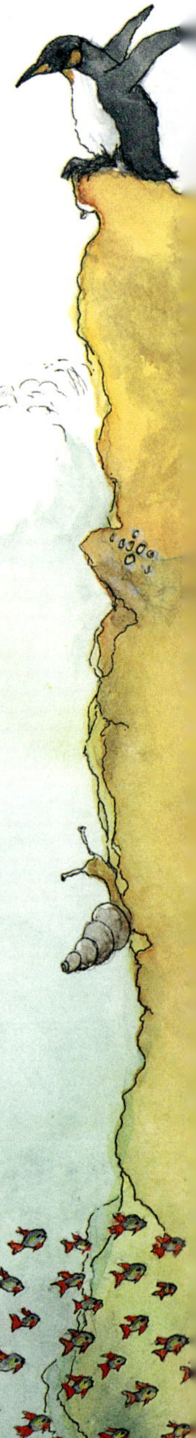

Refr.

2. Die Seekuh auf dem hohen Riff
liegt so krumm da und so schief,
die Welle spült ihr in das Maul,
zum Schwimmen ist sie grad zu faul.

Refr.

3. Sieht man mal genauer hin,
sieht man auch den Pinguin;
trägt auf Weiß den schwarzen Frack,
weil er gern Kontraste mag.

Refr.

4. Hört man's Kichern – hört man's Lachen,
hört man's dumme Witze machen,
zudem Krächzen, Glucksen, Schrei'n,
dann kann's ja nur die Lachmöwe sein.

Refr.

5. Und die lieben kleinen Nixen
sitzen in Konservenbüchsen,
dies ist nun mal ihr Zuhaus,
wenn's rostig wird, dann zieh'n se aus.

Refr.

6. Die Seegurk' liegt am Grund vom Meer,
jammert ziemlich, heult auch sehr.
Den Grund, den kann man nicht verstehn
und Tränen ja im Meer nicht sehn.

Eine Floßfahrt

Eine Floßfahrt, die ist lustig, eine Floßfahrt, die ist schön ... Ein Floß kannst du überall schwimmen lassen, im Urlaub am Meer oder zu Hause am Bach. Bei schlechtem Wetter sogar in der Badewanne. Probiere aus, was schwimmt. Gut geeignet sind Korken und das Holz von Obstkisten. Für ein Segel brauchst du einen Holzspieß und Stoffreste oder festes Papier. Damit dein Floß nicht wegschwimmt, binde es an eine Schnur.

Obstsalat im Melonenboot

Du brauchst:

- 1 Melone
- Erdbeeren
- 2 Nektarinen
- 1 Banane
- Zitronensaft

So geht's:
Halbiere die Melone. Entferne mit einem Löffel die Kerne. Löse das weiche Fruchtfleisch heraus und schneide es klein. Schneide auch das andere Obst klein, vermische es, beträufele es mit Zitronensaft und streue noch etwas Zucker darüber, wenn du magst.
Fülle den Obstsalat in dein Melonenboot.

Schiff ahoi!

Das Melonenboot schwimmt prima. Aus einem Zweig und einer Serviette kannst du das Segel machen. Ein Eisstiel wird zum Steuerruder.

Ja, wir sind die Piraten

Text: Bernd Kohlhepp
Melodie: Jürgen Treyz

2. Ja, wir sind die Piraten
und fahren übers Meer,
wir können sehr gut segeln,
das fällt uns gar nicht schwer.
Wir haben auch ein Schiff
mit Segeln groß und rot
und hinten angebunden,
da schwimmt ein kleines Boot.

4. Ja, wir sind die Piraten
und haben einen Schatz,
der wohnt auf unsrer Insel
und ist ein lieber Fratz.
Und kommen wir Piraten
vom Kapern wieder heim,
gibt's Pfitzauf für den Käpt'n,
für die andern Haferschleim.

3. Ja, wir sind die Piraten
und kommt uns einer krumm,
dann schad' um seine Gurgel,
der bleibt für immer stumm.
Dann kommt er in die Wasser
zu blut'ger Haie Schar,
so sind halt die Piraten
und finden's wunderbar.

Piraten-Spiele

Die Piratinnen und Piraten sind auf einer einsamen Insel gestrandet. Wollt ihr mit ihnen spannende Abenteuer erleben? Ihr braucht dazu nur eine Stoppuhr. Bildet zwei Gruppen. Welche Piraten-Gruppe ist schneller?

Piraten-Kleider

Die Piraten-Kleider sind nass geworden.

■ Vorbereitung:
Spannt eine Leine. Stellt einen Korb bereit, gefüllt mit Wäschestücken und Wäscheklammern.

Eine Piratin oder ein Pirat trägt den vollen Korb zur Leine und hängt die Sachen auf. Der oder die Nächste hängt die trockene Wäsche ab und bringt den Korb zurück. Welche Piraten-Kleider sind zuerst trocken?

Schatzkiste

Das Piratenschiff ist nicht mehr zu retten. Die Schatzkiste muss an Land gebracht werden. Aber der Weg zum Lager ist voller Hindernisse.

■ Vorbereitung:
Hocker und Bänke werden zu Felsen, ein großer Tisch wird zur Schlucht und ein Pappkarton wird zur Schatzkiste.

Die Piraten müssen die Schatzkiste über die Felsen schleppen (über Hocker und Bänke) und durch die Schlucht ziehen (unter dem Tisch durch). Welche Schatzkiste ist am schnellsten im Lager?

Wasser-Suche

Das Trinkwasser geht zur Neige. Erst am anderen Ende der Insel finden die Piraten welches.

■ Vorbereitung:
Füllt einen Eimer mit Wasser. Stellt in großem Abstand dazu einen leeren Eimer auf. Baut zwischen den Eimern Hindernisse auf.

Die Piraten bringen das Wasser mit Pappbechern zum Lager. Sie müssen aufpassen, dass sie nicht zu viel Wasser verschütten. Welche Piraten haben nach fünf Minuten am meisten im Eimer?

Affen-Überfall

Eine Horde Affen plündert die Essens-Vorräte. Die Piraten müssen sie schnell verjagen.

■ Vorbereitung:
Stellt leere Pappbecher zu einer Pyramide auf. Legt kleine Bälle bereit. Damit können die Piraten sich verteidigen.

Die Piraten werfen die Bälle so lange auf die Becher-Pyramide, bis sie zusammengefallen ist. Wie viele Bälle braucht ihr, bis alle Affen verjagt sind?

Experimente mit Wasser

Der Wasserglas-Trick

Wer schafft es, ein volles Wasserglas umzudrehen, ohne dass das Wasser herausläuft?

Fülle das Glas randvoll mit Wasser.

Lege eine Postkarte auf das volle Wasserglas.

Halte mit der einen Hand das Glas und mit der anderen die Postkarte fest. Drehe das Glas schnell um.

Lass die Postkarte los.

Der Knick im Strohhalm

In einem mit Wasser gefüllten Glas sehen die Strohhalme aus, als hätten sie einen Knick.

Warum?
Lichtstrahlen brechen sich an der Oberfläche des Wassers. Dadurch siehst du die Strohhalme im Wasser woanders, als sie wirklich sind.

Auch das Wasser im Meer oder im Schwimmbad bricht das Licht. Versuche einmal im niedrigen Wasser einen kleinen Gegenstand aufzuheben. Hast du daneben gefasst?

Das U-Boot

Lass ein kleines Spielzeugschiff auf dem Wasser schwimmen. Stülpe ein leeres Wasserglas genau senkrecht über das Schiffchen. Drücke das Glas langsam herunter.

Was passiert?
Das Schiffchen wird zum U-Boot. Es taucht unter die Wasseroberfläche. Dabei bleibt es aber trocken. Denn Wasser kann nicht ins Glas eindringen, weil dort noch Luft ist, die nicht entweichen konnte.

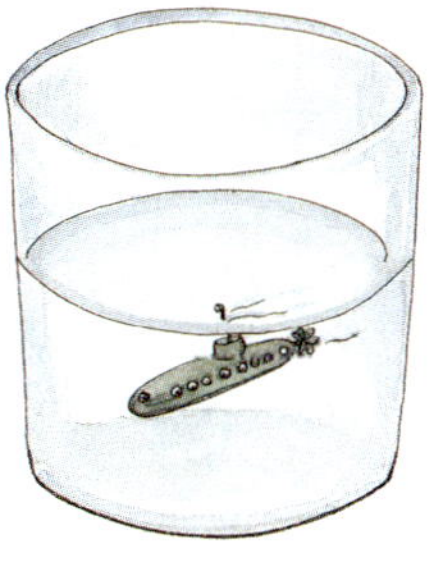

Das Unterwasser-Licht

Klebe einen Kerzenstummel am Boden einer kleinen Schüssel fest. Fülle kaltes Wasser in die Schüssel, bis knapp unter den Rand der Kerze. Zünde die Kerze an und lass sie brennen.

Was passiert?
Wenn die Kerze das Wasser erreicht, geht sie nicht aus. Das Wasser kühlt die äußere Kerzenschicht, deshalb schmilzt sie nicht. Die Flamme höhlt die Kerze zu einem Trichter aus, der unter die Wasseroberfläche geht.

Das Ungeheuer im Burggraben

Der edle Ritter Oswald von Schimmelstein lag schlaflos in seinem Bett und zählte Schafe. Seit er beim Turnier einen Schlag auf den Helm bekommen hatte, konnte er nachts einfach nicht mehr schlafen. Unter den Augen hatte er tiefe Ringe. Sein Mund schmerzte schon von ständigen Gähnen und die Müdigkeit machte ihn so schlapp, dass er kaum noch in seine Rüstung kam. Aber schlafen konnte er trotzdem nicht.

»Viertausendfünfhundertsieben«, zählte Oswald. »Viertausendfünfhundertacht …«

Plötzlich hörte er draußen ein furchtbares Planschen und Prusten. Er stolperte zum Schlafzimmerfenster und guckte in die Nacht hinaus. Was er sah, ließ ihm das Blut in den Adern gefrieren.

Im Burggraben schwamm eine riesige, breitmäulige, stachelbespickte Seeschlange. Silbrig schimmerten ihre Schuppen im Mondlicht. Ihr langer Leib glitt durch das schlammige Wasser und ihre Schwanzspitze peitschte gegen die Burgmauer.

»Welch grausiges Untier!«, stöhnte Oswald von Schimmelstein. »Und das, wo ich doch so müde bin.«

Gähnend kletterte er in seine Rüstung, ergriff sein Schwert und stieg scheppernd die Treppe zum Burgtor hinunter. Mit lautem Quiet-

schen senkte sich die Zugbrücke über den Burggraben und der müde Ritter trat hinaus.
Der Leib der Seeschlange wölbte sich dunkel in den Himmel. Ihre spitzen Stacheln reckten sich ihm wie ein Wald von Lanzen entgegen.
»Hinfort, du schleimige Schlange!«, rief Oswald und hob schwankend sein Schwert. Fast wäre er kopfüber von der Zugbrücke gefallen.
Der Schlangenleib bebte und versank gurgelnd im dunklen Wasser. Nur die Stacheln ragten noch heraus.
»Was? Du fliehst, Elende?«, brüllte der Ritter und rieb sich müde die Augen. »Das wird dir, bei Gott, gar nichts nützen!«
Da tauchte die Schlange mit furchtbarem Prusten wieder auf. Das Wasser spritzte dem Ritter um die Ohren. Höher und höher reckte sich die Schlange. Oswald musste den Kopf in den Nacken legen, um ihr spitzes Maul zu sehen. Sein Schwert war tropfnass. In seiner Rüstung stand das Matschwasser bis zum Halsring.
Die Schlange wiegte sich mit leisem Summen hin und her. Sie lächelte spöttisch auf ihn herab. Oswald wurde ganz schlecht vor Wut.
»Teuflisches Untier!«, brüllte er und hieb mit seinem Schwert wild in der Luft herum. Klirrend traf die Klinge die schimmernden Schuppen, aber das Schwert prallte ab, als wären die Schuppen aus Stein. Die Schlange gluckste vor Vergnügen. Dann fing sie an zu singen, sanft und süß, während ihr riesiger Leib sich über dem dunklen Wasser wiegte. Oswald wurde ganz schläfrig davon, furchtbar schläfrig.
»Halt ein!«, schrie er. »Halt ein mit deinem tückischen Singsang und kämpfe! Kämpfe wie ein Mann – äh, wie eine Schlange!«
Die Schlange sang weiter.
Oswald von Schimmelstein fielen die Augen zu. Mit letzter Kraft stolperte er in die Burg zurück und holte seine längste Lanze.
»Halaliiiiiii!«, schrie er und stürmte damit auf den schuppigen Leib los. Die Seeschlange bog sich elegant zur Seite und Oswald plumpste in seinen eigenen Burggraben. Das war zu viel!

Geschunden an Leib und Seele klammerte er sich an einen Schlangenstachel. Seine Rüstung war schwer wie Blei und zog ihn in die Tiefe.
»Wahrlich ein ehrloses Ende!«, dachte Oswald.
Die spitze Schnauze der Schlange kam näher und näher, bis der Ritter ihren warmen Atem spürte. Sie öffnete ihr Maul, ihre Zähne schlossen sich um den prachtvollen Federbusch auf Oswalds Helm – und dann hob sie den nassen Ritter in die Luft. Immer höher reckte sich das Untier, bis der strampelnde Oswald direkt vor seinem Schlafzimmerfenster hing. Sacht setzte die Schlange ihn auf die Brüstung.
»Hahahabt Dadadadank!«, stammelte Oswald schlotternd vor Kälte.
Die Schlange zischte nur leise und ließ sich zurück ins Wasser sinken.
Oswald von Schimmelstein plumpste mit einem Seufzer ins Zimmer.
Aus allen Ritzen seiner Rüstung schwappte Wasser. Schniefend und frierend schälte er sich aus seiner Rüstung, zog sich das Nachthemd über den nassen Kopf und kroch mit klappernden Zähnen ins Bett.
»Fürwahr, ein erstaunliches Untier!«, dachte er und lauschte.
Die Schlange sang.
»Zauberhaft!«, murmelte der Ritter und zog sich die Decke unter die Nase. »Hach, ich werde wahrhaftig ganz schläfrig!«
Und dann schnarchte er auch schon friedlich in sein Kissen. Von dieser Stunde an sang die Seeschlange jede Nacht für Oswald von Schimmelstein. Seine Schlaflosigkeit hatte ein Ende. Schon bald gewann er seine alte Stärke zurück. Und wenn ein anderer Ritter kam, um mit seiner singenden Schlange zu kämpfen, dann schlug Oswald ihn siegreich und unerbittlich in die Flucht.

Cornelia Funke

Drachenwesen spucken Feuer

Text: Bernd Kohlhepp
Melodie: Jürgen Treyz

Alle riesengroßen Drachen
können selber Feuer machen.
Mancher Held, das ist bekannt,
hat die Finger sich verbrannt.
Früher kämpften sie mit Rittern
und da mussten beide zittern.
Heute ha'm sie's nicht mehr schwer,
Ritter gibt's ja keine mehr!

Und woher dies stammt, mein Wissen,
werd ich sicher sagen müssen.
Ich fand einen Drachen grade
vorhin in der Knopfschublade.
Dieser Drache war so klein
wie ein kleiner Kieselstein.
Der erzählte mir geschwind,
wie die Drachen schrecklich sind.

Der Drache Fu

Du brauchst:
- altes Zeitungspapier
- Tapetenkleister
- eine alte Schüssel
- festen Draht
- Schere
- Messer
- Farben + Pinsel

Drachen-Körper

Rühre ein halbes Päckchen Tapetenkleister mit Wasser an. Knülle aus Papier vier Kugeln. Tauche deine Hände in Kleister. Bestreiche damit die Kugeln. Drücke sie aneinander. Streiche ein Blatt Papier mit Kleister ein. Wickle es um die Kugeln und forme den Körper.

Drachen-Hals

Stich an einem Ende des Körpers ein Stück Draht hinein und biege es zurecht. Wickle ein Blatt Papier locker um den Draht. Schneide Papier in Streifen und bestreiche sie mit Kleister. Umwickle damit Körper und Hals.

Drachen-Kopf

Knülle ein halbes Blatt Papier zu einem Kopf mit geöffnetem Maul. Befestige den Kopf mit Kleisterstreifen am Hals. Stütze Kopf und Hals ab, bis sie trocken sind, zum Beispiel mit einer Flasche.

Drachen-Schwanz

Befestige am Hinterteil ein Stück Draht. Biege es zurecht und forme den Schwanz so wie den Hals.

Drachen-Beine

Falte ein Doppelblatt Zeitungspapier so lange zusammen, bis du einen Streifen von etwa 10 Zentimetern hast. Bestreiche ihn mit Kleister und rolle ihn fest zusammen. Fertige die anderen drei Beine ebenso.

Lass alles zwei Tage trocknen. Schneide die Beine mit einem Messer oben schräg ab. Befestige die Beine mit Kleisterstreifen am Körper.

Lass den Drachen noch mal zwei Tage trocknen. Dann kannst du ihn bemalen.

Armer Ritter

Text: Bernd Kohlhepp
Melodie: Jürgen Treyz

2. Kein Gemüse, keine Butter,
nicht mal etwas Hundefutter.
»Nichts« hat's gestern schon gegeben
und von »nichts« kann man nicht leben.
Was kann heut die Mahlzeit sein?
Armer Ritter ganz allein.

3. All das wird dann schön gebraten,
zu dem Essen kann ich raten.
Findet einer noch ein Ei,
kracks, da ist es mit dabei.
Wenn es anbrennt –
Pech gehabt!
Man sagt »Mahlzeit«,
wenn es klappt.

Refr.: Armer Ritter, armer Ritter
schmeckt sehr süß und ist nicht bitter.
Man braucht Brot dazu und Zucker,
auch von Milch 'nen kleinen Schucker.
Gibt's kein Schaf und keine Kuh,
tut man Wasser sich dazu.

Die Ritter von Burg Büchsenberg

Du brauchst:

- leere Konservendosen
- Flaschenverschlüsse
- Schnur
- Nagel + Hammer
- Stoffreste
- Papier oder Federn

■ So geht's:
Drehe die Konservendosen mit den Öffnungen nach unten. Schlage in jeden Boden mit Hammer und Nagel ein Loch.

Ziehe eine Schnur durch die Dosen. Mache einen Knoten im Inneren jeder Dose. Mit dem zweiten Knoten legst du den Abstand von Kopf und Körper fest.
Schlage seitlich in die große Dose noch vier Löcher für Arme und Beine.

Ziehe Schnüre durch die Löcher, die du im Inneren der Dose verknotest. Hämmere in die Flaschenverschlüsse je ein Loch. Ziehe sie auf die Arm- und Beinschnüre und knote sie fest.

Male den Büchsenrittern Gesichter. Befestige Umhänge aus Stoff und einen Kopfschmuck aus Federn oder Papierstreifen.

Arme Ritter

Du brauchst:

- 10 Scheiben Baguette
- 2 Eigelb
- 0,2 Liter Milch
- 1 Esslöffel Zucker
- 2 Eiweiß
- Semmelbrösel
- Butterschmalz zum Braten

■ So geht's:
Das Baguette sollte vom Vortag sein. Schneide 10 Scheiben davon ab und lege sie in eine flache Form.

Trenne die Eier. Verrühre das Eigelb mit Milch und Zucker und gieße es über die Brotscheiben. Warte, bis das Brot die Flüssigkeit aufgesogen hat.

Verquirle das Eiweiß. Wende die eingeweichten Brotscheiben darin und dann in den Semmelbröseln.

Backe die Armen Ritter im Butterschmalz von beiden Seiten goldbraun.

Dazu passt: Apfelmus, Ahornsirup oder einfach Zimtzucker.

Vom Ritter, der nicht aus seiner Rüstung herauswollte

In der Ritterzeit lebte einmal ein junger Ritter, der wollte nie seine Rüstung ablegen, nicht einmal den Helm.

»Ich möchte gegen jeden Hieb und jeden Stich gewappnet sein«, sagte er, wenn ihn die anderen Ritter verwundert fragten. »Ich möchte unverwundbar sein in meiner eisernen Schale. Kein Feind soll mich ungeschützt überraschen können.«

Und so aß er in seiner Rüstung, indem er nur einen Schlitz an seinem Helm aufklappte. Er ritt in seiner Rüstung auf die Jagd. Er tanzte in seiner Rüstung. Er setzte sich in seiner Rüstung aufs Plumpsklo. Ja er schlief sogar in seiner Rüstung. Seine Mutter, die alte Rittersfrau, war es so gewohnt und störte sich nicht daran. Nur ärgerte sie sich über die viele zerrissene Bettwäsche.

Als er alt genug war, um zu heiraten, suchte seine Mutter ein Ritterfräulein für ihn aus. Es war ein gutes Ritterfräulein, das den jungen Ritter gleich lieb gewann, obwohl er sich bei der Hochzeit recht verlegen und tollpatschig benahm. Das lag an der Rüstung. Denn er legte sie auch zur Hochzeit nicht ab.

Er drückte die Braut an seinen harten Brustpanzer. Als er ihr den Hochzeitskuss geben wollte, sträubte er sich den Helm abzunehmen. Ein Ritterhelm aber sitzt nicht nur oben auf den Haaren, sondern bedeckt und schützt den ganzen Kopf samt dem Gesicht bis hinunter

zu Hals und Schultern. So kam es, dass er die Lippen der Braut mit seinen Lippen nicht erreichen konnte, obwohl er das Visier aufgeklappt hatte: Es war zu viel Eisen dazwischen.
Als sie zusammen tanzten, bekam die Braut nur Eisen zu fassen. Das war hart und kalt.
Der Ritter trat ihr aus Versehen mit seinem eisernen Schuh auf ihr Füßchen, dass sie vor Schmerz aufschrie. Und sein Schwert schlug ihr gegen das Schienbein, dass ihr Tränen in die Augen schossen.
Am Abend nach dem Fest erschien der Ritter im Schlafzimmer – in voller Rüstung!

»Willst du etwa mit der Rüstung ins Bett steigen?«, fragte die Braut entsetzt.
»Das bin ich so gewohnt«, antwortete er. »Was stört dich daran?«
Da fing die Braut an zu weinen und rief: »Du könntest mich klemmen mit all dem Blech! Und das Gequietsch der Scharniere die ganze Nacht! So kaltes Eisen neben mir – schon beim bloßen Gedanken daran wird mir kalt. Und wenn ich dich anschaue, sehe ich nur eine Eisenfratze. Bitte, leg doch wenigstens nachts diese alberne Rüstung ab, damit ich dich sehe – so, wie du bist, und deine Wärme fühle!«
»Die Rüstung bleibt an«, antwortete der junge Ritter trotzig. »Ich will weder tags noch nachts von Feinden überrascht werden.«
»Ich wette, du hast gar keine Feinde«, schluchzte das Ritterfräulein.
Sie legte sich ganz an die Kante des Bettes. Sie schlief kaum in dieser Nacht. Anfangs graute ihr vor dem Ritter neben ihr. Er lag lang ausgestreckt und still wie ein Toter.
Aber bald begann er sich zu wälzen. Er stöhnte, denn es war eine schwüle Sommernacht. Das Ritterfräulein begriff, wie heiß es ihm in der Rüstung sein musste. Sie merkte auch, dass ihn Läuse und Flöhe quälten. Das war damals nichts Besonderes.
Alle Ritter hatten Läuse und Flöhe. Aber der junge Ritter konnte sich ja nicht kratzen, wegen der Rüstung.
Als sie sich das alles so überlegte, tat er ihr von Herzen Leid und sie

nahm sich vor ihm zu helfen. Sie grübelte und grübelte. Gegen Morgen fiel ihr eine Lösung ein, eine sehr gute sogar.
»Bald habe ich meinen Ritter aus seiner Schale gepellt«, dachte sie und musste leise lachen, so fröhlich wurde sie.
»Guten Morgen, mein Ritter«, sagte sie und beugte sich über ihn, als ihm die Sonne ins Gesicht schien und er zu blinzeln begann.
»Hast du gut geschlafen?«
»Sehr gut«, log er.
»Es ist herrliches Wetter«, sagte sie, »und du hast ja einen so schönen See. Lass uns im See baden.«
Der junge Ritter starrte sie verblüfft an. Im See baden? Das hatte er noch nie in seinem Leben getan und niemand hatte ihn bisher auf eine solche Idee gebracht. Als Kind hatte er immer nur in einer Holzwanne in der Badestube gebadet. Seitdem er Ritter war und eine Rüstung trug, hatte er überhaupt nicht mehr gebadet.
Er wollte aber seiner jungen Frau den Wunsch nicht abschlagen.
»Gut«, sagte er, »ich bade aber nur in meiner Rüstung.«
»Ja, bade du nur ruhig in deiner Rüstung«, sagte sie lachend.
Sie lief voraus, hinab zum See, der im Wald unter der Burg lag. Steifbeinig stakste er hinter ihr her. Seine Rüstung quietschte und knackte. Die junge Frau warf ihre Kleider ab und watete in den See. Er watete ihr unbeholfen nach.
Er fühlte das Wasser kalt in seine Rüstung steigen. Es war ein überaus angenehmes Gefühl. Das Wasser spülte Schmutz und Schweiß fort, ertränkte die Flöhe und kühlte die Flohstiche. Er blieb stehen, als ihm das Wasser bis zum Hals reichte, und genoss die Frische.
Er sah seiner jungen Frau zu, die mitten im See schwamm, und wäre für sein Leben gern zu ihr geschwommen. Aber er hatte es nie gelernt, und auch wenn er ein Schwimmer gewesen wäre, hätte er sie nie erreicht, denn die schwere Rüstung hätte ihn in die Tiefe gezogen.
Traurig watete er zurück zum Ufer und legte sich dort nieder, bis seine Frau den See verließ. Sie zog sich an und setzte sich neben ihn.

»Wie fandest du das Bad?«, fragte sie erwartungsvoll.
»Wunderbar«, antwortete er. »Aber es hat mich müde gemacht.«
Sie nickte zufrieden.
»Nimm deinen Helm ab«, sagte sie, »und leg deinen Kopf auf meinen Schoß. Ich werde dich lausen.«
Als er zögerte, sagte sie: »Auf meinem Schoß kann kein Feind deinen Kopf überraschen.«
Da nahm er seinen Helm ab, legte seinen Kopf auf den Schoß seiner Frau und ließ sich lausen. Schon nach einer kurzen Weile schlief er ein.
Sie lauste ihn sorgfältig. Sie betrachtete sein schlafendes Gesicht und fand es schön. Sie küsste ihn ganz sanft auf den Mund – so, dass er es nicht merkte. Als sie steif war vom langen Sitzen, rupfte sie ein Häufchen Gras, bettete seinen Kopf darauf und legte sich neben ihn. Mit einem Birkenzweig verscheuchte sie die Fliegen und Libellen, die sich auf ihm niederlassen wollten.
Er schlief lange und tief, wie nach einer schweren Krankheit. Erst am Abend wachte er auf. Er lächelte ihr zu und wollte ihr Haar streicheln. Aber er konnte den Arm nicht heben.
»Was ist das?«, rief er erschrocken und wollte aufspringen. Aber er konnte auch seine Beine nicht mehr bewegen. Er konnte gar kein Gelenk seines Körpers mehr bewegen. Denn die Scharniere seiner Rüstung waren eingerostet. Nur den Kopf konnte er heben.
»Um Gottes willen!«, ächzte er und wollte strampeln und um sich schlagen. Aber die Scharniere gaben kaum nach. Er tat sich weh. Er war in seiner Rüstung gefangen – das musste er bald einsehen. Er war verzweifelt!
»Sei nicht traurig«, sagte die junge Rittersfrau. »Ich lasse eine Bahre kommen. Ich lasse dich darauf ins Schloss tragen. Ich werde dich dein Leben lang pflegen, wenn du so unbeweglich liegen musst, du Armer. Ich werde dich füttern und rasieren. Ich werde dir dein Gesicht

waschen. Ich werde dir vorsingen und erzählen, damit du dich nicht langweilst. Ich werde ...«

»Nein«, rief der Ritter wild, »ich will nicht mein Leben lang unbeweglich liegen! Ich bin ein Ritter und will reiten, nicht in dieser Rüstung verfaulen! Ruf den Schmied her!«

»Gern, mein Lieber«, sagte die junge Rittersfrau vergnügt.

Ihr Plan war gelungen. Sie holte den Schmied. Der erlöste den Ritter aus seiner Rüstung, half ihm auf die Beine und trug das verrostete Eisen fort.

»Sieh mal an«, sagte die junge Frau und betrachtete ihren Mann heiter, »du bist ja gar nicht so dünn und schwächlich, wie ich vermutet hatte. Du hattest es doch gar nicht nötig dich in einer Rüstung zu verkriechen. Hoffentlich hast du nicht verlernt dich zu bewegen. Fang mich!«

Damit lief sie davon und er lief ihr nach und fing sie. Danach gingen sie noch einmal in dem See baden. Sie bespritzten sich gegenseitig und dann bat er sie ihm das Schwimmen beizubringen.

»Na, wie fühlst du dich jetzt?«, fragte die junge Rittersfrau ihren Mann, als sie Hand in Hand zur Burg hinaufwanderten.

»Erlöst«, antwortete der Ritter.

Er ließ sich von seinem Schmied zwar eine neue Rüstung schmieden, aber er legte sie nur an, wenn er in den Kampf zog.

Und das kam selten vor.

Gudrun Pausewang

Wenn der Bär verreisen will

Text: Frantz Wittkamp
Melodie: Dorothée Kreusch-Jacob

2. Wenn er nichts zu fressen hat,
dann sucht der Bär sich Futter.
Und wenn er selbst nichts finden kann,
dann fragt er seine Mutter.

Jollaladihi ...

3. Manchmal ist der Bär allein,
dann kommt er mich besuchen.
Wir trinken ein Glas Gänsewein
und essen Marmorkuchen.

Jollaladihi ...

4. Morgen wird das Wetter gut,
dann sitzt der Bär im Garten.
Er spielt mit Freunden Fang den Hut
und Domino und Karten.

Jollaladihi ...

5. Wenn der Bär spazieren geht,
dann singt er Wanderlieder.
Schade ist, er kennt nur eins,
das singt er immer wieder.

Jollaladihi ...

Spiele für unterwegs

Der Bär packt seine Tasche

Für das »Taschepacken« braucht ihr mindestens zwei Mitspieler. Einer fängt an: »Der Bär packt in seine Tasche frische Wäsche.« Der Nächste: »Der Bär packt in seine Tasche frische Wäsche und Proviant.« So kommt immer mehr in die Bärentasche. Bei jedem neuen Teil müssen auch die schon vorhandenen genannt werden.

Dackel sind doof!

Schaut euch die Nummernschilder der vorbeifahrenden Autos an. Versucht aus den Buchstaben Sätze zu bilden. Zum Beispiel:

D-SD 721

»**D**ACKEL **S**IND **D**OOF!«

Der große Reisekoffer

Packt euren Reisekoffer. Setzt alle Gegenstände auf eine Liste. Zum Beispiel: Badehose – Sonnenbrille – Kamera – Taschentuch – Wasserball. Haltet jetzt nach Dingen Ausschau, die mit demselben Buchstaben beginnen. Wer eine Kuh entdeckt ruft: »Koffer!«, und kann die Kamera einpacken. Er streicht dann die Kamera von seiner Liste. Wer hat seinen Reisekoffer als Erster gepackt?

Emil, der Elefant

Denke dir ein Tier aus. Die anderen müssen raten, welches Tier du bist. Dazu stellen sie Fragen. »Kannst du fliegen?« Du beantwortest die Fragen nur mit »ja« oder »nein«.

Blaue gegen rote

Jeder entscheidet sich für eine Autofarbe. Legt einen Zeitraum fest, zum Beispiel 5 Minuten. Jeder zählt die entgegenkommenden Autos, die seine Farbe haben. Welche Farbe war am häufigsten?

Herbstzeit

Herbstzeit – Erntezeit

Text: Rosemarie Künzler-Behncke
Melodie: Klaus W. Hoffmann

2. Herbstzeit – Erntezeit!
Früchte reifen weit und breit.
Birnen ernten, das ist toll!
Wir sammeln viele Körbe voll.

3. Herbstzeit – Erntezeit!
Früchte reifen weit und breit.
Pflaumen ernten, das ist toll!
Wir sammeln viele Körbe voll.

4. Herbstzeit – Erntezeit!
Früchte reifen weit und breit.
Trauben ernten, das ist toll!
Wir sammeln viele Körbe voll.

Bei Räubers

Bei Räubers geht es so zu: Wenn die Räuberkinder aufgewacht sind, waschen sie sich nicht etwa, nein, sie schmieren sich von oben bis unten mit Dreck voll. Sie kämmen sich auch nicht etwa, sondern stecken die Haare in den Honigtopf. Und sie putzen sich nicht etwa die Zähne mit der Zahnbürste, nein, sie bürsten sich gegenseitig mit dem großen Besen über das Gesicht.
Wenn es bei Räubers was zu essen gibt, setzen sich die Räuberkinder nicht etwa schön ordentlich an den gedeckten Tisch, nein, als Erstes reißen sie das Tischtuch mit allem Geschirr herunter. Wenn dann noch ein Teller heil ist, werfen sie ihn die Treppe hinunter und die Messer, Gabeln und Löffel werfen sie aus dem Fenster. Sie machen aber nicht etwa vorher die Fenster auf, nein, alles fliegt durch die Scheiben, die in tausend Scherben zerspringen.
Die Räuberkinder brauchen auch nicht zur Schule zu gehen und sie haben auch keine schönen Spielsachen zum Spielen. Nein, die Räuberkinder hauen sich gegenseitig, sie schreien so laut wie die Löwen, sie reißen sich die Haare, die Arme und die Beine aus und beißen sich gegenseitig die Nase ab.
Und wenn die Räuberkinder kaputt sind, klaut der Räubervater sich neue.

Heinrich Hannover

Lied der Raubritter

Text: Bernd Kohlhepp
Melodie: Jürgen Treyz

2. Ja, das Leben ist zum Räubern
und nicht zum Burghofsäubern.
Ja, den Männern und den Weibern
stiehlt man's aus Sack und Pack.
Hahaha, hohoho,
ja, das ist nun einmal so!
Hahaha, hohoho,
das ist nun einmal so!

3. Ja, die Raubritter wollen rauben
und nicht das Schloss abstauben.
Ja, das kann man uns gern glauben,
geraubt wird zack, zack, zack.
Hahaha, hohoho,
ja, das ist nun einmal so!
Hahaha, hohoho,
das ist nun einmal so!

Räuber-Spiele

Die Räuberleiter

An den dicken Ast eines großen Baumes ist ein Schatz gebunden, ein Säckchen voll Golddukaten oder Süßigkeiten. Um an den Schatz zu kommen, müssen sich die Räuber gegenseitig helfen.
Sie bilden eine Räuberleiter. So können sie den Schatz gemeinsam heben. Dann teilen die Räuber ihre Beute.

Der Weg zum Räuberlager

Die Räuber haben sich verlaufen. Zum Glück hat ihr Anführer ihnen eine Nachricht hinterlassen: »Geht zur großen Eiche. Dort liegt ein runder Stein. Darunter findet ihr die nächste Nachricht!«
Der Räuberhauptmann hat die »Wald-Rallye« gut vorbereitet. Werden die Räuber so den Weg ins Räuberlager finden?

Mein Räuberbaum

Suche dir einen Baum aus. Klettere hinauf. Von hier oben sieht die Welt ganz anders aus. Schließe für einen Moment die Augen und träum dich in die Räuberwelt.
Öffne die Augen wieder und schau dich um. Vielleicht gibt es hier oben ein Versteck für einen kleinen Schatz?

Schatzwächter

Zeichnet einen großen Kreis von etwa 4 Meter Durchmesser auf den Boden. In der Mitte liegt der Räuberschatz, zum Beispiel eine kleine Pappschachtel. Ein Wächter bewacht den Schatz. Räuber versuchen den Schatz zu stehlen. Doch wen der Schatzwächter innerhalb des Kreises erwischt, der wird selbst zum Wächter.

Waldgeister

Überall im Wald lauern Waldgeister. Nur selten zeigen sie sich den Menschen. Doch mit ein wenig Fantasie kannst du sie entdecken.

Sammle trockene Äste und Astgabeln. Schau dir jedes Holzstück genau an. Was für ein Geist mag darin wohnen? Du kannst auch mit einem Taschenmesser und ein bisschen Farbe nachhelfen.

Der Wetter-Drache

Der Wetter-Drache sitzt draußen auf der Fensterbank. Er sagt dir immer, wie das Wetter wird: Scheint die Sonne, wird er dicker. Gibt es Regen, wird er dünner.

Hol dir einen Zapfen von einem Nadelbaum. Drücke Augen und eine Zunge aus Knete an den Zapfen. Fertig ist der Wetter-Drache!

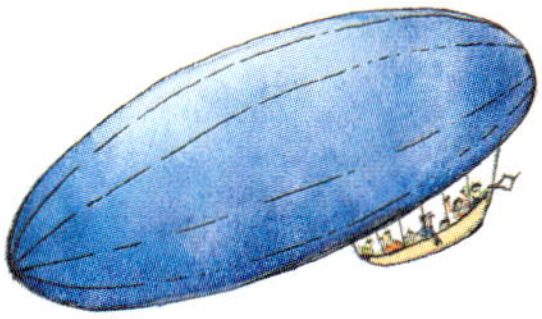

Steig in mein Luftschiff

Text und Melodie:
Dorothée Kreusch-Jakob

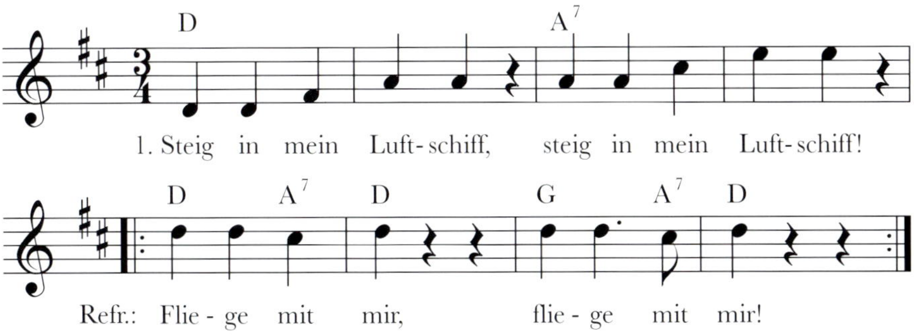

2. Schwebend und leise
ist unsre Reise.
Fliege mit mir,
fliege mit mir!

3. Hoch über Wälder,
Wiesen und Felder.
Fliege mit mir,
fliege mit mir!

4. Siehst du die Berge,
Spielzeug für Zwerge?
Fliege mit mir,
fliege mit mir!

5. Mach dich ganz schwer,
es geht übers Meer!
Fliege mit mir,
fliege mit mir!

6. Winzige Schiffe,
Inseln und Riffe.
Fliege mit mir,
fliege mit mir!

7. Schau, Wolkenschimmel
reiten am Himmel!
Fliege mit mir,
fliege mit mir!

8. Sonne im Blau,
strahlend hell, schau!
Fliege mit mir,
fliege mit mir!

9. Welten und Sterne
leuchten von ferne.
Fliege mit mir,
fliege mit mir!

Der Fallschirmspringer

Für den kleinen Fallschirmspringer wird der Traum vom Fliegen wahr. Aus jeder Höhe landet er sicher auf dem Boden.

Du brauchst:

- 1 Korken
- Farben + Pinsel
- 1 Stück festes Papier
- 1 Stück dünnen Stoff
- Nähgarn
- 1 Stecknadel

■ Springer:
Male dem Korken ein Gesicht und einen bunten Anzug. Klebe Arme aus Papier an die Seiten.

■ Fallschirm:
Der Stoff für den Fallschirm sollte ganz dünn sein und etwa 15 x 15 Zentimeter groß. Schneide vom Garn vier Stücke ab, jedes 20 Zentimeter lang. Befestige an jeder Stoffecke ein Stück Garn. Knote die vier Garnenden zusammen. Stich eine Stecknadel mit Kopf durch den Knoten. Versenke die Nadel im Korken, sodass nur noch der Nadelkopf herausschaut.

Die Geschichte vom fliegenden Robert

Wenn der Regen niederbraust,
wenn der Sturm das Feld durchsaust,
bleiben Mädchen oder Buben
hübsch daheim in ihren Stuben.
Robert aber dachte: Nein!
Das muss draußen herrlich sein!
Und im Felde patschet er
mit dem Regenschirm umher.

Hui, wie pfeift der Sturm und keucht,
dass der Baum sich niederbeugt!
Seht! Den Schirm erfasst der Wind
und der Robert fliegt geschwind
durch die Luft so hoch, so weit.
Niemand hört ihn, wenn er schreit.
An die Wolken stößt er schon
und der Hut fliegt auch davon.

Schirm und Robert fliegen dort
durch die Wolken immerfort.
Und der Hut fliegt weit voran,
stößt zuletzt am Himmel an.
Wo der Wind sie hingetragen,
ja, das weiß kein Mensch zu sagen.

Heinrich Hoffmann

Drachenvogel, flieg!

Du brauchst:
- 1 leere Küchenrolle
- 1 Streifen festen Karton
- 2 Musterbeutelklammern
- 1 festes Gummi
- alte Zeitschriften
- Schere + Klebstoff

■ So geht's:
Reiße Seiten aus alten Zeitschriften. Halbiere sie und schneide Fransen hinein. Klebe die Fransenblätter um die Küchenrolle. Fange dabei hinten an. Beklebe den vorderen Teil der Rolle mit buntem Papier.

Schneide einen etwa 3 Zentimeter breiten Streifen vom Karton ab. Knicke den Streifen an einer Seite um. Lege dort das Gummi ein. Stich zwei Löcher in den Pappstreifen, wie auf der Zeichnung abgebildet. Stecke die beiden Klammern hindurch.

Befestige damit den Streifen an der Rolle.

Klebe dem Drachenvogel noch einen Schnabel aus Pappe und Augen aus Wattekugeln an.

Such dir einen stabilen Stock. Schiebe den Stock durch den Drachenvogel. Lege das Gummi über die Stockspitze. Ziehe am Ende des Streifens. So spannst du das Gummi. Lass los und schon fliegt dein Drachenvogel durch die Luft.

Ich geh mit meiner Laterne

Text und Melodie:
aus Norddeutschland

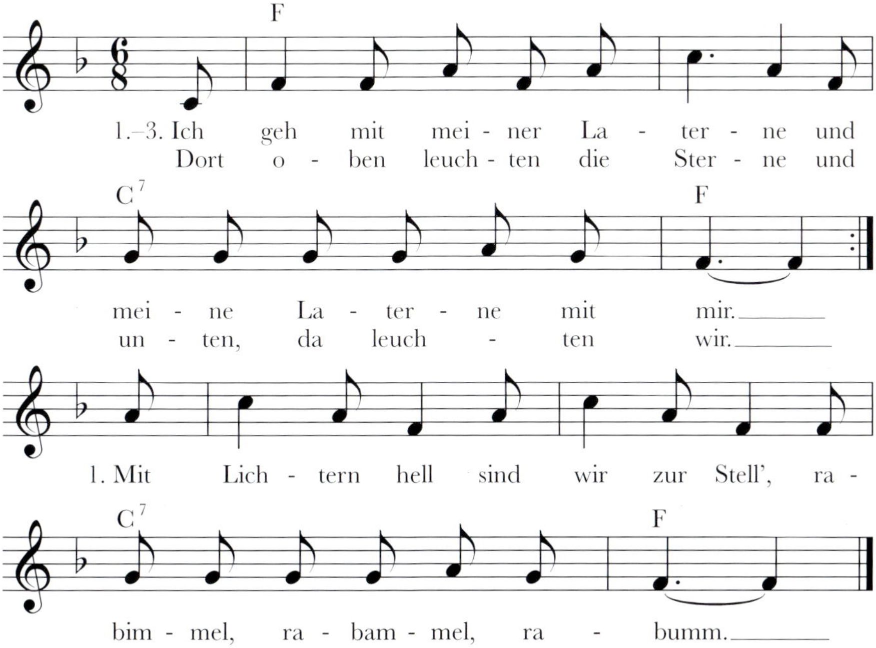

2. Ich geh mit meiner Laterne ...
   Laternenlicht, verlösch mir nicht!
   Rabimmel, rabammel, rabumm.

3. Ich geh mit meiner Laterne ...
   Mein Licht ist aus, wir gehn nach Haus,
   rabimmel, rabammel, rabumm.

Sonnenlaterne

Du brauchst:

- Transparentpapier in Gelb, Orange und Rot
- gelben Fotokarton
- Stift + Lineal
- Schere + Kleber
- 1 Stück Draht
- 1 Laternenstab

So geht's:

Mittelstreifen

1. Schneide aus dem gelben Karton ein 50 x 16 Zentimeter großes Stück aus.

2. Knicke die langen Ränder 2 Zentimeter breit nach oben.

3. Schneide mit der Schere Zacken aus den Rändern aus.

Außenteile

4. Zeichne auf den gelben Karton zwei Kreise mit je 24 Zentimeter Durchmesser. Zeichne jeweils einen inneren Kreis von 18 Zentimeter Durchmesser hinein. Schneide die beiden Pappringe aus.

5. Lege auf jeden Pappring ein Blatt gelbes Transparentpapier und klebe es fest. Schneide das überstehende Transparentpapier ab.

6. Bestreiche die Zacken des Mittelstreifens mit Kleber und klebe sie an den Pappringen fest.

Sonnengesicht

7. Reiße aus dem roten Transparentpapier Augen und Mund aus. Reiße gelbe, orange und rote Sonnenstrahlen aus. Klebe alles auf das Gesicht. Befestige ein Stück Draht an deiner Sonnenlaterne. Hier kannst du deinen Laternenstab einhängen.

Lichter in der Nacht

Du brauchst:

- Modelliermasse (selbst härtend)
- Nudelholz
- Messer
- Teelichter

■ So geht's:

Für ein Haus brauchst du etwa 500 Gramm Modelliermasse. Rolle sie mit einem Nudelholz aus. Schneide die Wände und das Dach für dein Haus aus. Füge die Teile zusammen. Schneide Fenster und eine Tür in die Vorderseite deines Hauses und eine Öffnung in das Dach. Lass das Haus trocknen. Stelle ein Teelicht hinein.

Das Gespenst kam um Mitternacht

Für das Schattentheater brauchst du:

- ein Zimmer, das du verdunkeln kannst
- eine freie Wand oder ein großes weißes Tuch
- eine starke Lampe
- Pappfiguren an Holzstäben

■ So geht's:

Schneide die Figuren aus Pappe aus und klebe sie auf Holzstäbe. Bewege die Figuren zwischen Wand (Tuch) und Lampe. Setz dich dazu auf den Boden und halte die Figuren über deinem Kopf. So stört dich dein eigener Schatten nicht.

Probiere aus, welcher Abstand zwischen Lampe, Figuren und Wand am besten ist. Denk dir eine Geschichte aus. Welche Figuren sollen mitspielen? Dann heißt es: Vorhang zu und Licht an!

Schattenspiel-Lied

Text: Josef Guggenmos
Melodie: Dorothée Kreusch-Jacob

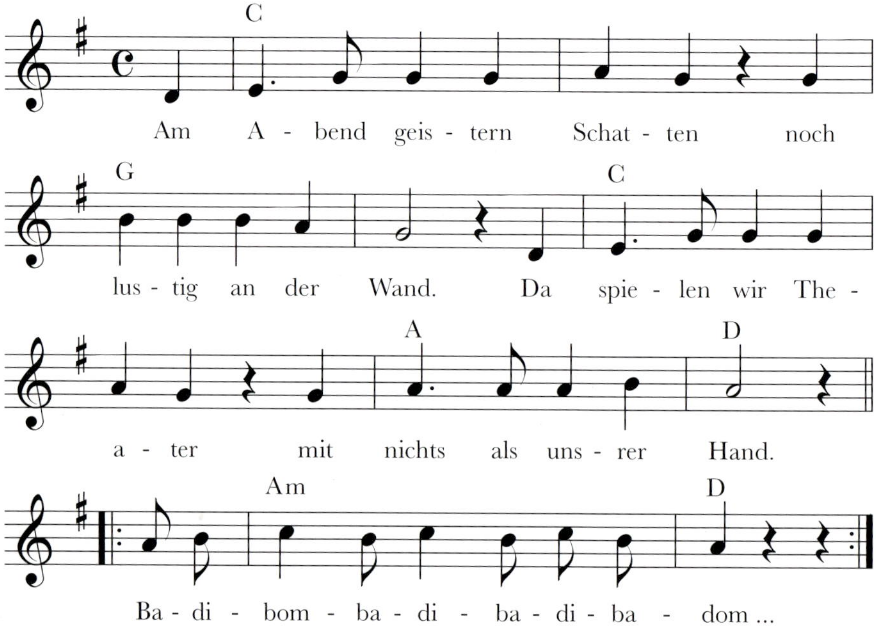

2. Wer zeigt sich überm Bette,
welch ein Untier groß und grau?
Das ist der Wolf, der böse,
den kennt man ganz genau!
Ba-di-bom ...

3. Was tut die brave Ente
in unserm Schattenspiel?
Mit ihrem Schnabel schnappt sie
keck nach dem Krokodil!
Ba-di-bom ...

4. Am Schluss gibt’s was zu lachen:
ein Has, der Männchen macht!
Er winkt mit seiner Pfote:
für heute gute Nacht!
Ba-di-bom ...

Spiele im Dunkeln

Für diese Spiele braucht ihr nur Taschenlampen und einen dunklen Raum. Dann kann's losgehen!

Alle Sterne leuchten

Ihr sitzt im Kreis. Jedes Kind hat eine Taschenlampe. Ein Kind ruft: »Alle Sterne leuchten!« Dann knipst ihr schnell eure Taschenlampen an. Wenn aber das Kind ruft: »Alle Stiefel leuchten!«, dann muss es dunkel bleiben. Wer trotzdem seine Taschenlampe angeknipst hat, scheidet aus.

Eine Nachtgeschichte

Ihr sitzt im Kreis. Ein Kind hält die erleuchtete Taschenlampe. Es erzählt den Anfang einer Geschichte:»Es ist finstere Nacht, als der kleine Bär erwacht …« Dann gibt es die Taschenlampe weiter. Das Kind, das die Taschenlampe bekommt, erfindet den nächsten Satz: »Ein merkwürdiges Geräusch ist zu hören …« Die Taschenlampe wandert weiter. Und wie könnte die Geschichte weitergehen?

Spuk im Dunkeln

Du brauchst:
- 1 Wasserglas
- 1 Deckel einer Blechdose
- Erbsen

■ So geht's:
Stelle das Glas auf eine Unterlage aus Metall, zum Beispiel den Deckel einer Keksdose. Fülle das Glas mit Erbsen. Gieße bis zum Glasrand Wasser auf. Verstecke den Erbsen-Spuk und warte, bis die Erbsen genug Wasser aufgenommen haben. Sie quellen auf und plötzlich ist ein merkwürdiges Geräusch zu hören.
Pong, pong, pong …
Was kann das sein?

Was ist denn das?

Nehmt Geräusche auf Kassette auf. Spielt sie euren Freunden und Freundinnen in einem dunklen Raum vor. Wer errät die Geräusche?

Hüpfmäuse

Du brauchst:

- 1 großen Eierkarton
- Farben + Pinsel
- Walnüsse
- Wollreste
- Filzreste
- dünnen Karton
- Bleistift + Schere
- Kleber

Zum Spielen:

- einen Löffel oder eine Gabel

So geht's:

Öffne die Walnüsse so, dass die Hälften ganz bleiben. Die Kerne kannst du aufessen. Lege die Nusshälften auf dünnen Karton. Umfahre sie mit einem Stift und schneide die Umrisse aus. Lege ein Stück Wolle auf jeden Umriss. Klebe beides an den Nüssen fest. Schneide große Mauseohren aus Filz aus und klebe sie an. Male den Hüpfmäusen noch schwarze Augen.

Male einen großen Eierkarton mit Wasserfarben an.

Lege eine Hüpfmaus auf den Löffelstiel. Drücke auf die Löffelspitze.

Hüpft die Maus ins Mäusehaus?

König Nussknacker

König Nussknacker, so heiß ich.
Harte Nüsse, die zerbeiß ich.
Süße Kerne schluck ich fleißig.
Doch die Schalen,
ei! die schmeiß ich
lieber andern hin,
weil ich König bin.

Aber seid nicht bang!
Zwar mein Bart ist lang
und mein Kopf ist dick,
und gar wild mein Blick,
doch was tut denn das?
Tu keinem Menschen was,
bin im Herzensgrund,
trotz dem großen Mund,
ganz ein guter Jung.

Heinrich Hoffmann

Lasst uns froh und munter sein

Text und Melodie: aus dem Hunsrück
und dem Rheinland

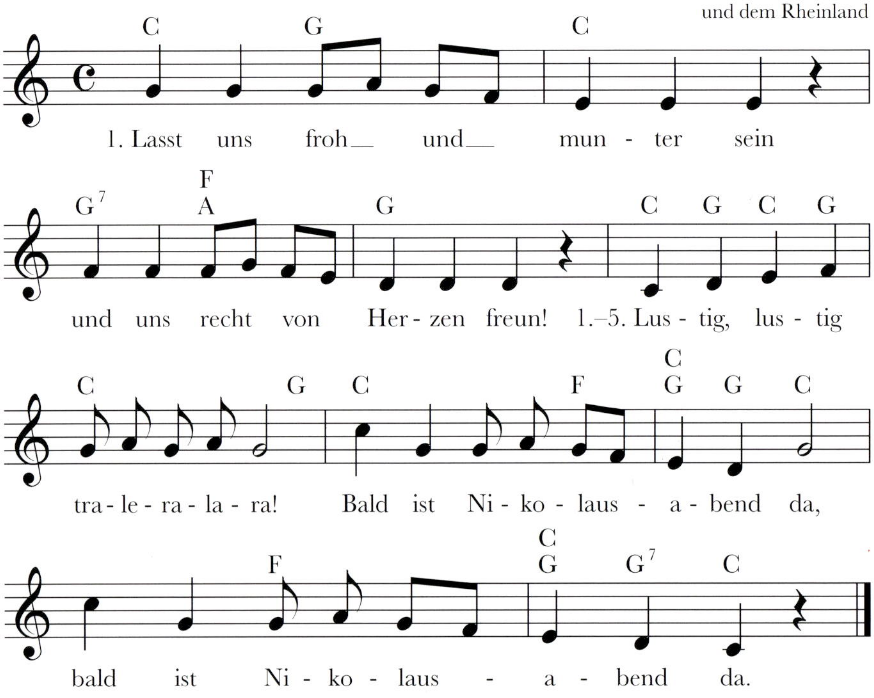

2. Dann stell ich den Teller auf,
   Niklaus legt gewiss was drauf.
   Lustig, lustig ...

3. Wenn ich schlaf', dann träume ich,
   jetzt bringt Niklaus was für mich.
   Lustig, lustig ...

4. Wenn ich aufgestanden bin,
   lauf ich schnell zum Teller hin.
   Lustig, lustig ...

5. Niklaus ist ein guter Mann,
dem man nicht genug danken kann.
Lustig, lustig ...

Ein Weihnachtsschloss als Adventskalender

Du brauchst:

- Pappschachteln und Papprollen
- Klebstoff
- Farben + Pinsel

■ So geht's:
Sammle Verpackungen aus Pappe. Ordne die Schachteln und Rollen so, dass sich 24 Türen öffnen lassen. Klebe die Schachteln aneinander.

Male das Weihnachtsschloss an und schreibe auf die Türen die Zahlen von 1 bis 24.

Vielleicht füllt der Weihnachtsmann dein Weihnachtsschloss mit kleinen Geschenken und leckeren Süßigkeiten.

Advent

Noch ist der Herbst nicht ganz entflohn,
Aber als Knecht Ruprecht schon
Kommt der Winter hergeschritten,
Und alsbald aus Schnees Mitten
Klingt des Schlittenglöckleins Ton.

Und was jüngst noch, fern und nah,
Bunt auf uns herniedersah,
Weiß sind Türme, Dächer, Zweige
Und das Jahr geht auf die Neige
Und das schönste Fest ist da.

Tag, du, der Geburt des Herrn,
Heute bist du uns noch fern,
Aber Tannen, Engel, Fahnen
Lassen uns den Tag schon ahnen
Und wir sehen schon den Stern.

Theodor Fontane

Advent, Advent,
ein Lichtlein brennt.
Erst eins, dann zwei,
dann drei, dann vier,
dann steht das Christkind vor der Tür.
Und wenn die fünfte Kerze brennt,
dann hast du Weihnachten verpennt.

Der Nikolaussack

Du brauchst:

- 1 Obstnetz
  (z. B. von Mandarinen)
- 1 Stück Pappe
  (z. B. einen Bierdeckel)
- 1 Stück roten Stoff
- Watte + Kleber
- Nadel + Faden
- Knöpfe, Knete oder Farbe

So geht's:
Male einen 10 cm großen Kreis auf die Pappe und schneide ihn aus. Stich an den Seiten ein Loch hinein. Nähe die Pappe durch die beiden Löcher am Netz fest.

Schneide aus dem Stoff eine Nikolausmütze. Klebe sie an den Karton und verziere sie mit Watte.

Klebe dem Nikolaus einen Bart aus Watte an. Male Augen, Nase und Mund auf oder klebe sie mit Knöpfen oder Knete an.

Hänge deinen Nikolaussack auf und warte, womit er am Nikolausabend gefüllt wird.

Holler, boller, Rumpelsack,
Niklaus trägt sie huckepack.
Weihnachtsnüsse, gelb und braun,
runzlig, punzlig anzuschaun!

Knackt die Schale, springt der Kern,
Weihnachtsnüsse ess ich gern.
Komm bald wieder in dies Haus,
guter, alter Nikolaus.

Albert Sergel

Die Geschichte von den streitenden Adventskerzen

Es waren einmal vier rote Adventskerzen. Sie saßen auf einem schönen Adventskranz. Am ersten Sonntag im Advent sollte die erste Kerze brennen.
Aber wer war die Erste? Die vier Adventskerzen fingen zu streiten an.
Die Erste sagte: »Ich bin größer als ihr. Ich darf zuerst leuchten.«
Die Zweite meinte: »Ach was, ich bin röter als ihr! Ich muss zuerst angezündet werden.«
Die Dritte rief: »Ich habe aber den schönsten Docht von euch allen! Also darf ich zuerst brennen.«
Die Vierte schüttelte den Kopf: »Nein, seht mich an. Ich stehe am geradesten auf dem Kranz. Ihr seid alle krumm und schief! Deshalb möchte ich die Erste sein.«
So stritten die vier hin und her. Sie stritten nicht nur am ersten Adventssonntag, nein, auch am zweiten und sogar am dritten und vierten. Und sie waren sich immer noch nicht einig, wer zuerst brennen sollte.
Da kam der Weihnachtsmann ins Zimmer. Er rief: »Schluss jetzt mit eurer ewigen Streiterei! Wisst ihr überhaupt, welcher Tag heute ist?«
Die vier Kerzen wussten es natürlich nicht.
»Heute ist der Heilige Abend«, erklärte der Weihnachtsmann, »und da wird nicht gestritten, verstanden?«
Er nahm die Kerzen vom Adventskranz und befestigte sie auf dem Christbaum. Dann zündete er alle vier gleichzeitig an.
Da waren die vier Adventskerzen plötzlich Weihnachtskerzen. Sie waren zufrieden und haben vor Freude hell gestrahlt.

Alfons Schweiggert

Zimtsterne

Du brauchst:

- 3 Eiweiß
- 250 Gramm Puderzucker
- 1 Teelöffel Zimt
- 350 Gramm gemahlene Mandeln
- etwas Mehl
- Backpapier
- Stern-Förmchen
- 2 große Gefrierbeutel
- 1 Teigrolle

■ So geht's:

Schlage das Eiweiß mit einem Quirl ganz steif. Lass den Puderzucker langsam einrieseln und schlage dabei weiter.

Stelle drei Esslöffel der Masse beiseite. Du brauchst sie später zum Bestreichen.
Gib Zimt zum Eischnee. Hebe so viel gemahlene Mandeln unter, bis der Teig nicht mehr klebt. Halbiere den Teig. Gib je eine Hälfte in einen großen Gefrierbeutel.
Lege die Beutel eine Stunde in den Kühlschrank.
Rolle den Teig dann in den Beuteln aus. Schneide die Beutel auf. Stich Sterne aus dem Teig. Drücke das Förmchen erst in etwas Mehl. So bleibt es am Teig nicht kleben.
Lege die Sterne auf ein mit Backpapier ausgelegtes Backblech. Streiche den Eischnee mit einem Pinsel auf die Sterne.

Backzeit im Elektroherd:
15 Minuten bei 125 Grad/ Umluft 100 Grad.
Stelle die Temperatur zurück!
Backe weitere 20 Minuten bei 80 Grad/Umluft 50 Grad.
Backzeit im Gasherd:
40 Minuten bei Stufe 1

Duftschachteln

Du brauchst:
- Streichholzschachteln
- Weihnachtspapier
- Schere + Kleber
- duftende Gewürze wie: Zimtstangen, Gewürznelken, Sternanis

■ So geht's:
Beklebe Streichholzschachteln mit Weihnachtspapier. Lege in die Schachteln duftende Gewürze. Lass den duftenden Inhalt ein paar Tage in den Schachteln. So werden sie zu Duftschachteln.
Eine prima Verpackung für kleine Geschenke!

Duftketten

Die Schalen von Orangen und Mandarinen duften. Wirf sie nicht weg, nachdem du die Früchte gegessen hat.

Du brauchst:
- unbehandelte Orangen- und Mandarinen-Schalen
- Backförmchen
- Schnur oder dünnen Draht
- kleine Perlen

■ So geht's:
Stich mit kleinen Backförmchen Sterne aus den Schalen. Fädele die Orangen- und Mandarinen-Sterne mit Perlen zu einer Kette auf.

O Tannenbaum

Text: 1. Str. v. August Zarnack
2. und 3. Str. v. Ernst Anschütz
Melodie: altes Studentenlied

2. O Tannenbaum, o Tannenbaum,
du kannst mir sehr gefallen.
Wie oft hat doch zur Winterszeit
ein Baum von dir mich hoch erfreut.
O Tannenbaum, o Tannenbaum,
du kannst mir sehr gefallen.

3. O Tannenbaum, o Tannenbaum,
dein Kleid kann mich was lehren:
Die Hoffnung und Beständigkeit
gibt Kraft und Trost zu jeder Zeit.
O Tannenbaum, o Tannenbaum,
dein Kleid kann mich was lehren.

Winterzeit

A, a, a, der Winter, der ist da

Text und Melodie:
aus Sachsen

2. E, e, e, er bringt uns Eis und Schnee.
Malt uns gar zum Zeitvertreiben
Blumen an die Fensterscheiben.
E, e, e, er bringt uns Eis und Schnee.

3. I, i, i, vergiss die Armen nie!
Wenn du liegst im warmen Kissen,
denk an die, die frieren müssen!
I, i, i, vergiss die Armen nie!

4. O, o, o, wie sind die Kinder froh!
Sehen jede Nacht im Traume
sich schon vor dem Weihnachtsbaume.
O, o, o, wie sind die Kinder froh!

5. U, u, u, jetzt weiß ich, was ich tu!
Hol den Schlitten aus dem Keller
und dann geht es schnell und schneller.
U, u, u, jetzt weiß ich, was ich tu!

Ich bin ein kleiner König

Text und Melodie: trad.

Die heil'gen drei Könige

Die heil'gen drei Kön'ge aus Morgenland,
sie fragten in jedem Städtchen:
»Wo geht der Weg nach Bethlehem,
ihr lieben Buben und Mädchen?«

Die Jungen und Alten, sie wussten es nicht,
die Könige zogen weiter,
sie folgten einem goldenen Stern,
der leuchtete lieblich und heiter.

Der Stern bleibt stehn über Josephs Haus,
da sind sie hineingegangen;
das Öchslein brüllte, das Kindlein schrie,
die heil'gen drei Könige sangen.

Heinrich Heine

Eiskalte Experimente

Der Schneemann im Kühlschrank

Forme aus Schnee einen kleinen Schneemann. Stelle ihn auf einem Teller in den Kühlschrank. Was passiert mit dem Schneemann?

Der Eiswürfel im Wasserglas

Lege einen Eiswürfel in ein leeres Glas. Fülle es randvoll mit Wasser. Schwimmt der Eiswürfel oder geht er unter?
Läuft das Wasser über das Glas, wenn der Eiswürfel schmilzt?

Schneeflocken unter der Lupe

Schau dir Schneeflocken einmal genau an. Dazu brauchst du eine Lupe und ein Stück dunkle Pappe. Wenn es anfängt zu schneien, lege die Pappe kurz in den Kühlschrank, damit sie richtig kalt ist. Hole sie dann wieder heraus und fange damit Schneeflocken auf. Mit der Lupe kannst du sie genau beobachten. Wie viele Zacken hat eine Schneeflocke?

Das Gewicht der Schneeflocke

»Es schneit«, sagte der Wolf.
»Was du nicht sagst, Gevatter«, brummte der Bär.
»Mehr als tausend Schneeflocken«, sagte der Fuchs, »aber auf meinem Pelz spüre ich sie überhaupt nicht!«
»Sie schmelzen auf meiner Hasennase«, sagte der Hase und dann fügte er noch nachdenklich hinzu: »Man spürt sie nicht. Doch sie haben ein Gewicht!«
»Eine Schneeflocke wiegt weniger als nichts«, knurrte der Wolf.
»Und sie hat keine Kraft«, brummte der Bär.
»Aber sie wiegt doch etwas und sie hat auch Kraft«, sagte der Hase.
Die Tiere gerieten in Streit, ob eine Schneeflocke etwas wiegt oder nicht.
»Wir wollen die Schneeflocken zählen, die da auf den alten dicken Ast fallen«, sagte der Hase. »Da wird man ja sehen, ob eine Schneeflocke Gewicht hat.«
Der Bär und der Wolf lachten so laut, dass es durch den ganzen Wald schallte.
Aber weil sie gerade nichts Besseres zu tun hatten, zählten sie mit: Eins … zwei … drei … vier … fünf … sechs … sieben …
Als sie bei zweitausendachthundertsiebenundsechzig angekommen waren, sagte es plötzlich »Krach« und der dicke, mächtige Ast brach ab.
»Der Hase hat Recht«, knurrte der Wolf und sogar der Bär wunderte sich über die Kraft der Schneeflocken.

Fredrik Vahle

Schneeflöckchen, Weißröckchen

Text und Melodie: trad.

2. Komm, setz dich ans Fenster,
du lieblicher Stern,
malst Blumen und Blätter,
wir haben dich gern.

3. Schneeflöckchen, du deckst uns
die Blümelein zu,
dann schlafen sie sicher
in himmlischer Ruh.

Schneemänner

Du brauchst:

- 1 Eiweiß
- 1 Esslöffel Zucker
- Zum Verzieren: Korinthen,Orangeat und Zitronat

■ So geht's:

Lege ein Stück Backpapier auf ein Backblech. Heize den Backofen vor auf 100 Grad/ Umluft 80 Grad.

Rühre das Eiweiß mit einem Quirl ganz steif. Lass den Zucker langsam einrieseln. Rühre dabei weiter.

Pro Schneemann brauchst du:

- einen Teelöffel Eischaum für den Kopf
- einen Esslöffel Eischaum für den Körper
- Augen und Knöpfe aus Korinthen
- eine spitze Nase aus Zitronat
- einen Mund aus Orangeat

Schiebe die Schneemänner in den Backofen. Nach ungefähr 2 Stunden sind sie fertig (durchgetrocknet).

Spiele im Schnee

Slalom-Rodeln

Legt Handschuhe oder Mützen auf der Rodelbahn aus. Immer zwei Kinder bilden ein Team. Ein Kind lenkt den Schlitten, das andere versucht im Vorbeifahren die ausgelegten Sachen zu schnappen. Welches Team hat die meisten Teile aufgesammelt?

Schneeball-Basketball

Hängt einen Eimer an einen dicken Ast. Werft Schneebälle hinein. Wer erzielt die meisten Treffer?

Schneeball-Kegeln

Stapelt leere Dosen oder Pappbecher zu einer Pyramide. Markiert einige Schritte entfernt eine Startlinie im Schnee. Formt ganz feste Schneebälle. Wer bringt die meisten Dosen oder Becher zum Purzeln?

Pinguin-Wetthüpfen

Legt eine Rennstrecke fest. Die Pinguin-Mitspieler bekommen zwei Eisschollen aus Pappe. Jeder Pinguin stellt sich auf eine Eisscholle. Die andere wirft er vor sich in den Schnee. Auf diese Eisscholle muss gehüpft werden. Welcher Pinguin erreicht als Erster das Ziel?

Der Eisbär schläft

Der Eisbär hält Winterschlaf. Er hockt auf seinem Schlitten und rührt sich nicht. Die Schneehasen werden übermütig. Sie hüpfen um den Eisbären herum und necken ihn. Aber wehe, wenn der Eisbär erwacht! Dann schnappt er sich einen Schneehasen.

Pingu, der Kuschel-Pinguin

Du brauchst:

- 1 weißen Waschhandschuh
- schwarze Knöpfe
- Filz in Schwarz + Orange
- etwas Pappe
- Watte
- Nadel + Faden

■ So geht's:

Schneide Kopf, Schnabel, Flügel und Füße aus Filz und zusätzlich noch Füße aus Pappe aus.

– Kopf (einmal aus schwarzem Filz ausschneiden)
– Flügel (zweimal aus schwarzem Filz ausschneiden)
– Fuß (zweimal aus Pappe und aus orangem Filz ausschneiden)
– Schnabel (zweimal aus orangem Filz ausschneiden)

Drehe den Waschhandschuh auf die linke Seite. Nähe ihn an der gestrichelten Linie zusammen. Drehe ihn dann wieder auf die rechte Seite.

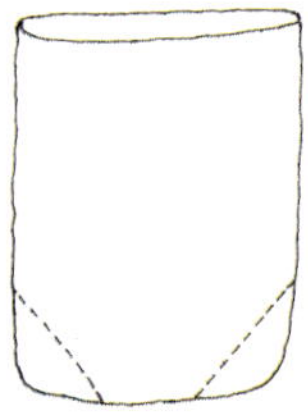

Nähe den Filz-Kopf an den Waschhandschuh. Befestige die Flügel nur oben. Nähe die Knopf-Augen und den orangen Schnabel an.

Stopfe Watte in den Pinguin, bis er gut gefüllt ist.

Beklebe die Pappfüße mit den orangen Filzfüßen. Nähe sie unten an den Körper, so wie du es auf dem Foto siehst, und verschließe die noch offene Stelle.

Ping Pong Pinguin

Text und Melodie:
Fredrik Vahle

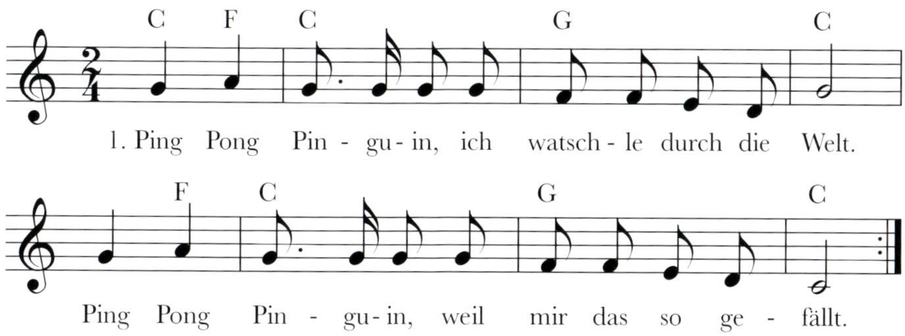

2. Ping Pong Pinguin,
ich schlurfe so dahin,
Ping Pong Pinguin,
weil ich so traurig bin.

3. Ping Pong Pinguin,
ich spüre meine Zeh'n,
Ping Pong Pinguin,
jetzt kann ich besser gehn.

4. Ping Pong Pinguin,
ich schwebe fast dahin,
Ping Pong Pinguin,
wie eine Königin.

5. Ping Pong Pinguin,
wer hätte das gedacht?
Ping Pong Pinguin,
die Füße sind erwacht.

6. Ping Pong Pinguin,
jetzt kann ich sie verstehn,
Ping Pong Pinguin,
sie wollen tanzen gehn.

Tierische Faschings-Masken

Du brauchst:

- farbige Kartons
- Stift + Schere
- Kleber
- Schnur oder Hutgummi

■ So geht's:
Lege einen großen Teller auf den Karton. Umfahre den Rand mit einem Stift. Schneide den Kreis aus.

Schneide den Kreis bis zur Mitte ein. Schiebe die Teile übereinander und klebe sie fest.

Schneide Löcher für die Augen aus.

Stich zwei kleine Löcher für die Befestigungsschnur. Die Schnur sollte so lang sein, dass die Maske dicht am Gesicht sitzt.

Klebe vorne auf die Maske noch Schnauze oder Schnabel.

Die Ohren werden von hinten angeklebt oder festgetackert.

Tierreime

Eene, mene, Mütze,
ein Schwein liegt in der Pfütze.
In der Pfütze liegt ein Schwein –
und du sollst's sein.

Eene, mene, Meier,
Hühner legen Eier.
Der Hahn kräht auf dem Mist –
dass du es bist.

Eene, mene, Katzendreck,
der Käse ist schon wieder weg.
Da kommt die kleine Maus –
und du bist aus.

Ene, mene, Muh,
die Kuh schaut einfach zu.
Die Kuh, die steht im Stall
und du fängst schnell den Ball.

Eene, mene, Miste,
was rappelt in der Kiste?
Eene, mene, meck –
und du bist weg.

Das Mädchen vom anderen Stern

Text: Erwin Grosche
Melodie: (trad.) Toto Blanke

2. Flieg ich zu meinem Stern,
dann ist er gar nicht fern.
Mit meiner Holzrakete,
zwölf Proviantpakete,
flieg ich zu meinem Stern,
dann ist er gar nicht fern.

3. Und wär mein kleiner Stern
groß wie ein Apfelkern,
ich pflanzt ihn in den Weltenraum,
daraus wird dann ein Apfelbaum.
Und wär mein kleiner Stern
groß wie ein Apfelkern.

4. Auf meinem kleinen Stern,
da habn sich alle gern.
Und morgens auch die Mondesfrau
für uns im großen Himmelblau,
dann trink ich mit Frau Luna
zwölf Literflaschen Bluna.

Auf meinem kleinen Stern
da habn sich alle gern.

Weltraum-Party

Zu Fasching ist es endlich so weit. Die kleinen grünen Marsmenschen landen auf der Erde. Habt ihr Lust mit ihnen zusammen eine Weltraum-Party zu feiern?

Kleidung

T-Shirts, Leggings oder Strumpfhosen, Baumwoll-Handschuhe, Badekappen oder Mützen sowie Pfeifenreiniger – alles in Grün.

(Weiße Kleidung könnt ihr mit Stofffarbe einfärben.)

Schminke

Tragt grüne Schminke auf Gesicht und Hals auf. Umrandet die Augen mit blauer Schminke und malt auch die Lippen blau.

Deko

Füllt blaue Müllsäcke mit zerknülltem Zeitungspapier. Verschließt sie mit Gummis. Schmückt den Raum mit Luftschlangen und Luftballons – natürlich alle in Grün und Blau.

Mars-Mix

Mischt abgekühlten Hagebuttentee mit rotem Johannisbeersaft.

Mars-Früchte auf UFOs

Lasst tiefgefrorene Beeren auftauen und belegt kleine Törtchen damit. Verziert sie mit Mars-Sahne (Gebt ein paar Tropfen Speisefarbe vor dem Schlagen in die Sahne.)

Eine Geburtstagstorte für den kleinen Bären

»Der kleine Bär hat heute Geburtstag«, sagte Schweinchen. »Ich werde ihm eine Geburtstagstorte backen.«
Schweinchen band sich eine Schürze um und ging in die Küche.
Schweinchen stellte die Zutaten bereit: Butter und Zucker, Eier und Milch, Mehl und Salz. Auch das Backpulver vergaß es nicht.
Nun nahm es eine Schüssel und tat eines nach dem anderen hinein.
Es rührte eine Weile kräftig. Dann schlug es drei Eier hinein und rührte nochmals. Zuletzt schüttete es etwas Kakaopulver dazu und rührte den Teig glatt. Schweinchen strich eine Kuchenform mit Butter aus, stäubte sie mit etwas Mehl aus und goss den Teig hinein. Dann schob es das Ganze in den Ofen.
Zufrieden setzte sich Schweinchen neben den Backofen und wartete.
Bald duftete es herrlich!
Als der Kuchen fertig gebacken war, nahm ihn Schweinchen vorsichtig aus dem Ofen und ließ ihn abkühlen.
»Ich könnte den Kuchen noch mit Erdbeeren schmücken«, dachte Schweinchen. Rasch lief es in den Garten und pflückte ein Körbchen voll.
Schweinchen legte die Erdbeeren auf die Torte, eine in die Mitte, die anderen rundherum. Sorgfältig verteilte es die Schlagsahne auf die Torte.
Da kam gerade Hase vorbei.

»Ei«, sagte Hase, »das riecht gut! Eine Torte?«
»Ja, sie ist aber nicht für dich«, sagte Schweinchen schnell. »Der kleine Bär hat heute Geburtstag!«
»Ach! Schön sieht sie aus, die Torte. Aber schmeckt sie auch gut?«, fragte Hase.
»Bestimmt. Wieso?«
»Wenn man etwas verschenken will, muss man sicher sein, dass es gut ist. Soll ich probieren?« Und schon steckte Hase seine Pfote in die Sahne.
»Und?«, fragte Schweinchen ungeduldig.
»Ich weiß nicht«, sagte Hase nachdenklich. »Ich muss noch einmal versuchen.«
»Lass mich auch probieren«, sagte Schweinchen. Vorsichtig nahm es ein wenig. »Mhhhm! Das schmeckt aber gut!«
»Ich finde, es könnte noch ein bisschen süßer sein«, meinte Hase. Schweinchen tat noch einen Löffel Zucker in den Rest Schlagsahne.
Da kam Ente dazu. »Hoho, was gibt es da Feines!«, schnatterte sie fröhlich.
»Eine Geburtstagstorte für den kleinen Bären«, sagte Schweinchen. »Ich will nur noch diese Sahne darauf verteilen, dann kannst du probieren.«
Das ließ sich Ente nicht zweimal sagen. »Herrlich!«, rief sie mit vollem Schnabel. »Gerade richtig, nicht zu süß.«
Nun mussten auch Hase und Schweinchen wieder probieren. »Ente hat Recht«, sagte Hase, »jetzt schmeckt es genau richtig.«
»Aber den Kuchen haben wir ja noch gar nicht probiert!«, rief Ente. Nun nahm jeder ein Stück.
Es schmeckte wunderbar. Gleich nahm jeder noch ein Stück, um ganz sicher zu sein, dass die Torte gut war. Da stand plötzlich der kleine Bär vor ihnen.
»Was gibt's denn hier Gutes?«, brummte er freudig. »Darf ich auch ein Stück haben?«

»Aber ja!«, sagte Schweinchen. »Du hast doch heute Geburtstag. Die Torte ist für dich.«
»Für mich!«, rief der kleine Bär. »Eine richtige Geburtstagstorte für mich!« Er strahlte vor Glück und biss in ein großes Stück. »Das ist aber gut! So etwas Gutes habe ich noch nie gegessen.«
»Die Torte war noch viel schöner«, sagte Schweinchen. »Mit Erdbeeren und Schlagsahne obendrauf. Aber weißt du, wir mussten probieren, wie es schmeckt.«
»Und wie hat es geschmeckt?«
»Wunderbar! Herrlich!«, riefen alle drei.
»Kommt, wir wollen die Torte im Garten genießen«, sagte Ente.
»Und der kleine Bär bekommt genau das Stück, auf dem noch eine Erdbeere und ein klein wenig Sahne liegen«, sagte Schweinchen.
Dann setzten sie sich zusammen vors Haus und aßen die Torte bis zum letzten Krümel auf. Und weil der kleine Bär nur einmal im Jahr Geburtstag hat, feierten, schwatzten und sangen sie den ganzen Nachmittag. Erst als die Sonne unterging, nahm der kleine Bär Abschied von seinen Freunden.
»Geburtstagstorte mit Erdbeeren und Schlagsahne«, dachte der glückliche kleine Bär auf dem Heimweg immer wieder. »Heute war der schönste Geburtstag meines Lebens!«

Max Velthuijs

Geburtstagstorte für kleine Bären und andere Freunde

Du brauchst:

- 100 Gramm weiche Butter
- 120 g Zucker
- 3 Eier
- 150 Gramm gemahlene Nüsse
- 50 Gramm Mehl
- 1 Teelöffel Backpulver
- 1 Teelöffel Kakaopulver
- 1 große Dose Pfirsiche (oder 1/2 Kilo Erdbeeren)
- 100 Gramm Schokoraspel

■ So geht's:

Schlage Butter, Zucker und Eier mit einem Quirl cremig. Rühre Mehl, Backpulver, Kakao und Nüsse unter. Fette eine Springform mit Butter ein. Fülle den Teig hinein.

Backzeit: etwa 30 Minuten bei 180 Grad / Umluft 160 Grad.

Der Boden kann gut am Abend vorher gebacken werden. Erst kurz vor dem Essen wird er belegt. Dazu die Pfirsiche abtropfen lassen. Die Pfirsichhälften vierteln und den Boden damit belegen. (An Stelle der Pfirsiche kannst du auch frische Erdbeeren auf die Torte legen.) Die Sahne ganz steif schlagen und über den Früchten verteilen. Die Schokoraspel darüber streuen.

Witzige Verpackung für kleine Geschenke

Monster-Tüten

Wie wär's mit einer Monster-Tüte? Die ist schnell gebastelt. Hinein passen kleine Geschenke, Gutscheine, Fotos, Gedichte, Reime und vieles mehr.

Du brauchst:

- Packpapier oder Geschenkpapier
- Schere + Klebstoff
- Wachsmalstifte oder andere Farben

■ So geht's:

Schneide das Papier in 20 x 30 Zentimeter große Stücke. Du kannst aber auch kleinere oder größere Tüten basteln.

So wird die Tüte gefaltet und zusammengeklebt:

Bevor aus deiner Tüte eine Monster-Tüte wird, steckst du dein Geschenk hinein. Falte dann den oberen Rand nach hinten und klebe Augen, Mund, Hände und Haare auf.

Rosen, Tulpen, Kieselstein

Text und Melodie:
Dorothée Kreusch-Jacob

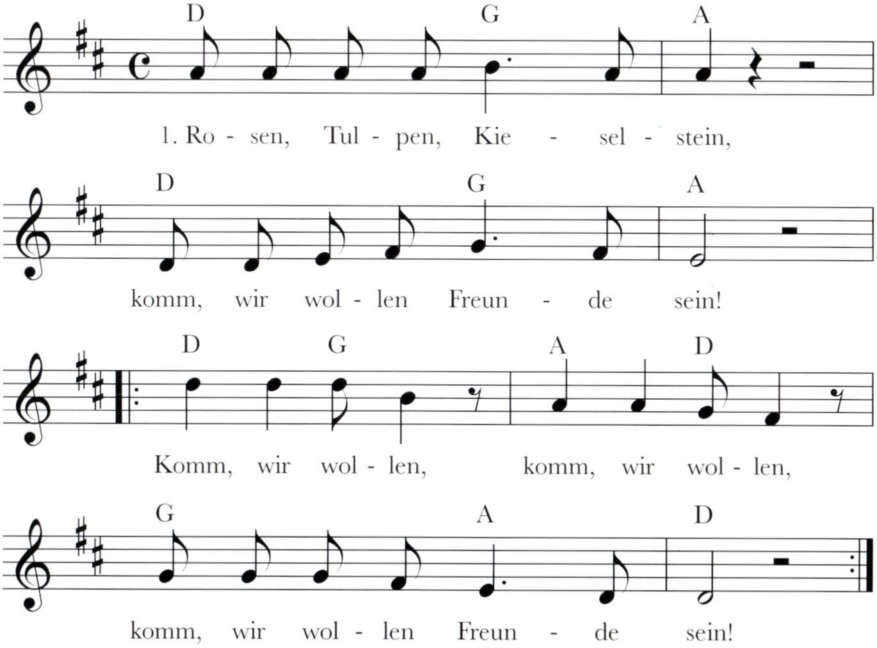

2. Rosen, Tulpen, Gurken
schenk ich Julia Murken.

3. Rosen, Tulpen, Löwenzahn
pflück ich für den Christian.

4. Rosen, Tulpen, Kirschenkern,
Carolin, ich hab dich gern.

5. Rosen, Tulpen, Kopfsalat,
ich mag dich von früh bis spat.

6. Rosen, Tulpen, Rettichschwanz,
ich gehör dir gar und ganz.

7. Rosen, Tulpen, Gartenzaun,
mit dir könnt ich Pferde klaun.

8. Rosen, Tulpen, Schneckenhaus,
leider ist mein Lied schon aus!

Freundschaftsspiele

Der Blindenhund

Bildet Zweier-Gruppen. Ein Kind bekommt die Augen verbunden. Das andere ist der Blindenhund. Er sagt dir, wo's langgeht. Du musst ihm blind vertrauen. Dann findest du den Weg zum Ziel. Dort wartet eine kleine Belohnung auf euch beide.

Heiß und kalt

Alle Kinder rennen durcheinander. Wenn der Spielleiter »heiß!« ruft, müssen sich alle Kinder vom heißen Boden weg retten, zum Beispiel auf Stühle oder einen Baumstamm. Ruft der Spielleiter »kalt!«, dann müssen sich die Kinder umarmen und so gegenseitig wärmen.

Mein Spiegelbild

Zwei Kinder stehen sich gegenüber. Ein Kind bewegt sich. Das andere ist das Spiegelbild. Es versucht die Bewegungen möglichst genau mitzumachen. Nach ein paar Minuten wird getauscht.

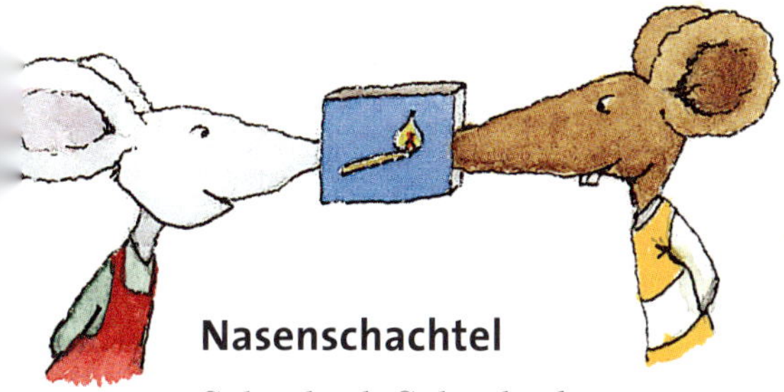

Nasenschachtel

Schachtel, Schachtel,
du musst wandern,
von dem einen
zu dem andern ...

Ein Kind steckt sich eine leere Streichholzschachtel auf die Nase. Es gibt sie an eine andere Nase weiter. Die Schachtel darf dabei nicht herunterfallen.

Freundschafts-Bilder

Dafür könnt ihr gut alte Tapetenrollen gebrauchen. Rollt sie auf dem Boden aus. Ein Kind legt sich darauf. Sein Freund zeichnet den Umriss auf das Papier. Tauscht die Rollen. Jeder darf das Bild seines Freundes ausmalen.

Wir werden immer größer

Text: Volker Ludwig
Melodie: Birger Heymann

2. Wir werden immer größer,
das merkt jedes Schaf.
Wir werden immer größer,
sogar im Schlaf.
Ganz egal, ob's regnet,
donnert oder schneit,
wir werden immer größer
und auch gescheit.

3. Wir werden immer größer,
darin sind wir stur.
Wir werden immer größer
in einer Tour.
Auch wenn man uns einsperrt
oder uns verdrischt,
wir werden immer größer,
da hilft alles nischt.

Register

Lieder

A, a, a, der Winter, der ist da **114**
Armer Ritter **66**
Das Mädchen vom anderen Stern **126**
Drachenwesen spucken Feuer **62**
Ein Frosch sprach zu dem andern **24**
Es war eine Mutter **6**
Guten Tag, Herr Gärtnersmann **31**
Herbstzeit – Erntezeit **80**
Hier mein Geschenk **34**
Ich bin ein kleiner König **116**
Ich geh mit meiner Laterne **91**
Im großen blauen Meer **48**
Ja, wir sind die Piraten **52**
Kuckuck, Kuckuck, ruft's aus dem Wald **10**
Lasst uns froh und munter sein **102**
Lied der Raubritter **83**
O Tannenbaum **110**
Ping Pong Pinguin **123**
Rosen, Tulpen, Kieselstein **135**
Schattenspiel-Lied **96**
Schneeflöckchen, Weißröckchen **119**
Steig in mein Luftschiff **87**
Trarira, der Sommer, der ist da! **40**
Wenn der Bär verreisen will **74**
Wir werden immer größer **138**

Geschichten

Bei Räubers (Heinrich Hannover) **82**
Das Gewicht der Schneeflocke (Fredrik Vahle) **118**
Das Ungeheuer im Burggraben (Cornelia Funke) **58**
Der tollpatschige Osterhase (Heinrich Hannover) **14**
Die Geschichte von den streitenden Adventskerzen (Alfons Schweiggert) **107**
Die Kleider des Herrn Zogg (Franz Hohler) **41**
Eine Geburtstagstorte für den kleinen Bären (Max Velthuijs) **130**
Herr Mumpitz im April (Werner Halle) **30**
Vom Ritter, der nicht aus seiner Rüstung herauswollte (Gudrun Pausewang) **69**

Gedichte

Advent (Theodor Fontane) **105**
Das bucklicht Männlein **33**
Die Frösche (Johann Wolfgang von Goethe) **27**
Die Geschichte vom fliegenden Robert (Heinrich Hoffmann) **89**
Die heil'gen drei Könige (Heinrich Heine) **116**
Für Mama (Angela Sommer-Bodenburg) **37**
Gedichte zum Nikolaus **106**
König Nussknacker (Heinrich Hoffmann) **101**
Frühlingsgedichte und Hasenreime **11**
Tierreime **125**

Spielen

Das Gespenst kam um Mitternacht **95**
Freundschaftsspiele **136**
Ostereier-Spiele **18**
Piraten-Spiele **54**
Räuber-Spiele **84**
Strandspiele im Sand und im Wasser **42**
Spiele für unterwegs **76**
Spiele im Dunkeln **98**
Spiele im Schnee **121**

Kochen

Arme Ritter **68**
Geburtstagstorte für kleine Bären und andere Freunde **133**
Heiße Laubfrösche **28**
Kirschtörtchen für Mama **35**
Mars-Früchte auf UFOs **129**
Obstsalat im Melonenboot **51**
Schneemänner **120**
Zimtsterne **108**

Erforschen

Eierzaubereien **20**
Eiskalte Experimente **117**
Experimente mit Wasser **56**
Gärtnern im Zaubergarten **32**
Spuk im Dunkeln **99**

Basteln

Adventskalender Weihnachtsschloss **104**
Buddelschiffe **44**
Bunte Schlüsselanhänger **36**
Der Drache Fu **64**
Der Fallschirmspringer **88**
Der Nikolaussack **106**
Der Stamm der Korkis **47**
Der Wetter-Drache **86**
Die Ritter von Burg Büchsenberg **67**
Drachenvogel, flieg! **90**
Duftschachteln und Duftketten **109**
Eier färben ganz natürlich **17**
Eine Floßfahrt **50**
Heribert, der Osterhase **12**
Hüpfmäuse **100**
Indianerschmuck aus Fundstücken **46**
Lichter in der Nacht **94**
Lustige Eierbecher **16**
Pingu, der Kuschel-Pinguin **122**
Purzelfrosch **26**
Schatzkästchen **45**
Schiff ahoi! **51**
Sonnenlaterne **92**
Strandgut sammeln **44**
Tierische Faschingsmasken **124**
Überraschungs-Ei und Eier-Frosch **22**
Waldgeister **86**
Weltraum-Party **128**
Monstertüten **134**

Quellenverzeichnis

Gedichte und Geschichten

Cornelia Funke, Das Ungeheuer im Burggraben, aus: Leselöwen-Rittergeschichten, © 1994 by Loewe Verlag, Bindlach.
Werner Halle, Herr Mumpitz im April, aus: Bilder und Geschichten für Kinder, ausgewählt von Werner Halle mit Bildern von Janosch, Erstausgabe bei Westermann-Verlag, Braunschweig 1979.
Heinrich Hannover, Bei Räubers/Der tollpatschige Osterhase, © beim Autor.
Franz Hohler, Die Kleider des Herrn Zogg, © beim Autor.
Gudrun Pausewang, Vom Ritter, der nicht aus seiner Rüstung herauswollte, aus: dies., Die Prinzessin springt ins Heu, © 1982 Anrich Verlag, Weinheim.
Angela Sommer-Bodenburg, Für Mama, aus: Freu dich nicht zu früh, ich verlaß dich nie! © bei der Autorin.
Alfons Schweiggert, Die Geschichte von den streitenden Adventskerzen, © beim Autor.
Fredrik Vahle, Das Gewicht der Schneeflocke, aus: Weihnachtsgrüße, © Middelhauve Verlags GmbH, München.
Max Velthuijs, Eine Geburtstagstorte für den kleinen Bären, © 1996 Nord-Süd Verlag AG, Gossau Zürich/Schweiz.

Lieder

Erwin Grosche (Text), *Toto Blanke* (Melodie), Das Mädchen vom anderen Stern, © bei den Autoren.
Josef Guggenmos (Text), *Dorothée Kreusch-Jacob* (Melodie), Schattenspiel-Lied, © bei den Autoren.
Bernd Kohlhepp (Text), Jürgen Treyz (Melodie), Im großen, blauen Meer/Ja, wir sind die Piraten, © bei den Autoren.
Bernd Kohlhepp (Text), *Jürgen Treyz* (Melodie), Armer Ritter/Drachenwesen spucken Feuer/Lied der Raubritter, aus: Arthur Königs Tafelrunde (MC/CD), © Patmos Verlag, Düsseldorf 1996.
Dorothée Kreusch-Jacob (Melodie), Guten Tag, Herr Gärtnersmann, © bei der Autorin.
Dorothée Kreusch-Jacob (Text/Melodie), Ein Frosch sprach zu dem anderen/Hier mein Geschenk/Rosen, Tulpen, Kieselstein, aus: Ich schenk dir einen Regenbogen, © Patmos Verlag, Düsseldorf [2]1996.
Dorothée Kreusch-Jacob (Text/Melodie), Steig in mein Luftschiff, aus: Mit Liedern in die Stille, © Patmos Verlag, Düsseldorf [3]1998.
Rosemarie Künzler-Behncke (Text), Klaus W. Hoffmann (Melodie), Herbstzeit – Erntezeit, © bei den Autoren.
Volker Ludwig (Text), Birger Heymann (Melodie), Wir werden immer größer, © bei den Autoren.
Fredrik Vahle, Ping Pong Pinguin, aus: Renate Zimmer/Fredrik Vahle, Ping Pong Pinguin, © Verlag Herder, Freiburg 2000.
Frantz Wittkamp (Text), *Dorothée Kreusch-Jacob* (Melodie), Wenn der Bär verreisen will, aus: Ich schenk dir einen Regenbogen, © Patmos Verlag, Düsseldorf [2]1996.

Dagmar Binder ist Redakteurin einer Kinderzeitschrift.
Im Patmos Verlag erschienen von ihr zuletzt:
»Wenn die Blätter tanzen« und »Zwergenspeis und Räuberschmaus«.

Frauke Bahr, geboren 1961, studierte an der
Fachhochschule für Gestaltung in Hamburg und illustriert seit 1997
Bücher für Kinder und Jugendliche.

Die Deutsche Bibliothek – CIP-Einheitsaufnahme

Dagmar Binder:
Kunterbunt durchs ganze Jahr: Eine Schatzkiste für alle Jahreszeiten / Dagmar Binder.
Mit Illustrationen von Frauke Bahr. – Düsseldorf: Patmos, 2000
ISBN 3-491-38052-9

Nach der neuen Rechtschreibung

2. Auflage 2001

Einband und Innenillustrationen: Frauke Bahr
Layout: Volker Butenschön, Lüneburg
Druck und Verarbeitung: Westermann Druck Zwickau GmbH
ISBN 3-491-38052-9

Anlassbücher für die ganze Familie

Dagmar Binder
Wenn die Blätter tanzen
ISBN 3-491-38049-9
MC 3-491-22298-2
CD 3-491-24038-7

Dagmar Binder
Zwergenspeis und Räuberschmaus
ISBN 3-491-38051-0
MC 3-491-87025-9
CD 3-491-88772-0

Manfred Mai
Das große Geburtstagsbuch
ISBN 3-491-38048-0
MC 3-491-87016-X
CD 3-491-88762-3

Wenn die Ritter schlafen gehen
ISBN 3-491-38047-2
MC 3-491-87013-5
CD 3-491-88761-5

Wenn es wieder Weihnachten wird
ISBN 3-491-38050-2
– Die schönsten Lieder
MC 3-491-87022-4
CD 3-491-88768-2
– Die schönsten Geschichten
MC 3-491-22299-0
CD 3-491-24039-5
–Die schönsten Lieder und Geschichten
2 CDs 3-491-88769-0

PATMOS